Thank You

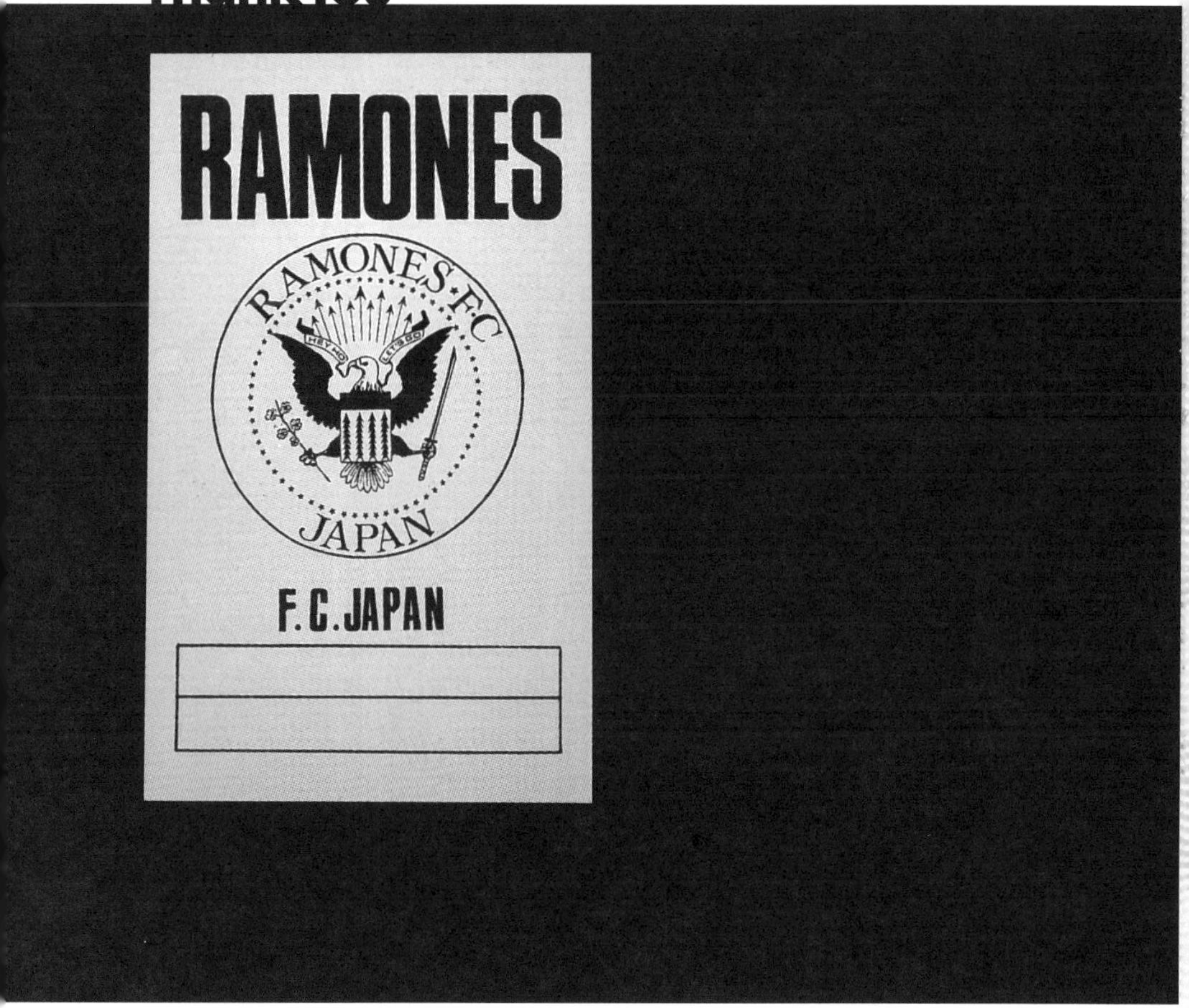

Photographs & Text by
yuki kuroyanagi

LittleMore

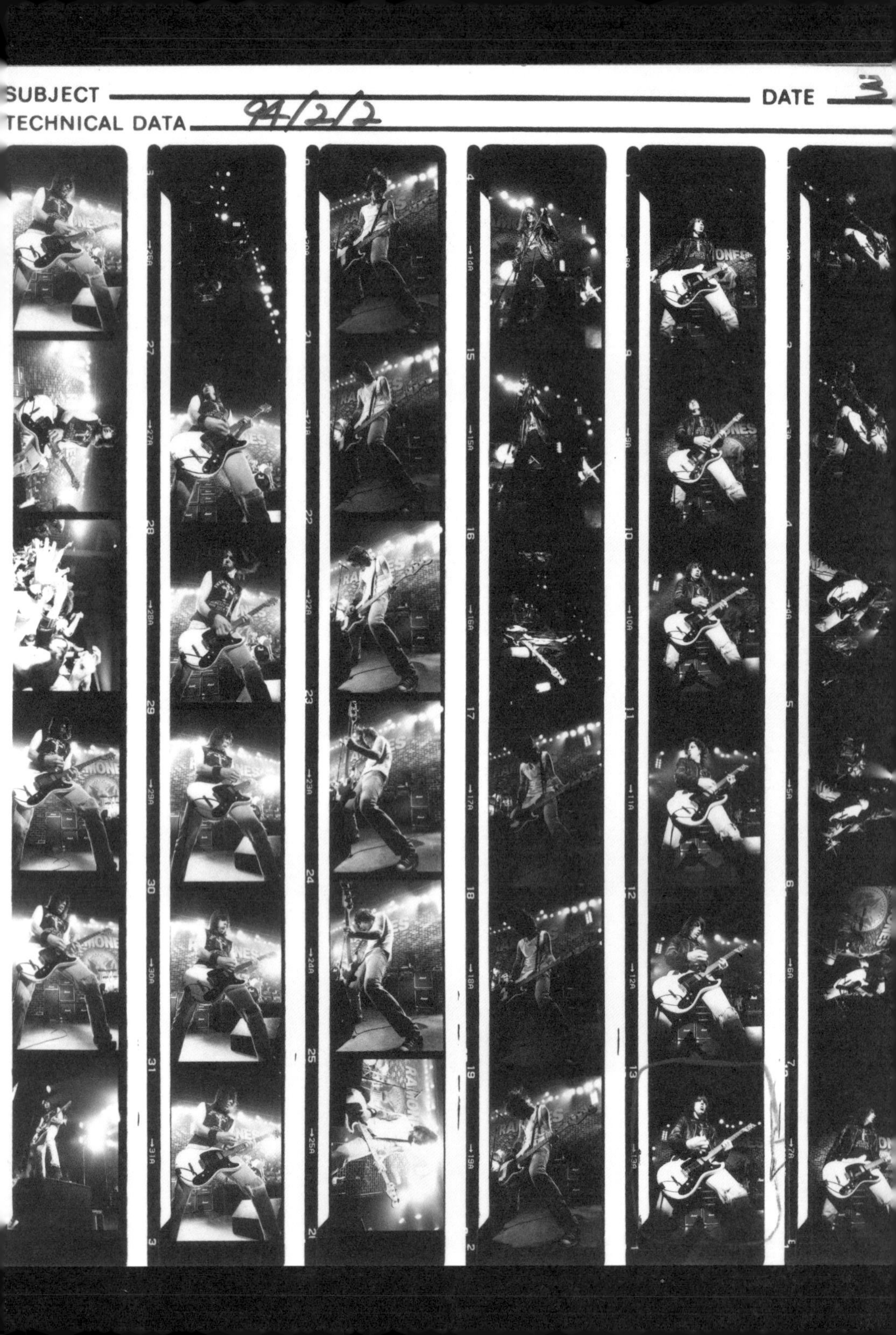
SUBJECT
DATE 3
TECHNICAL DATA 94/2/2

UBJECT RAMONES / '94·2·2 / チッタ DATE 4

ECHNICAL DATA

はじめに

2007年、私は『I Love RAMONES』という本を書いた。それは2004年に公開され大ヒットしたラモーンズ初のドキュメンタリー映画『エンド・オブ・ザ・センチュリー』の内容に納得がいかなかったからだ。私は映画をラモーンズのイーグルロゴのデザイナーでライティングスタッフでもあったアートゥロ・ベガのニューヨークのロフトで公開前に観た。ジョニー・ラモーンがジョーイ・ラモーンのカノジョを奪ったとか、「KKK」はそのことを書いた曲だとか、その後、ジョニーとジョーイは口をきくことなくバンド活動を続けたとか、これまで明かされなかったバンドのネガティヴなエピソードが映画には含まれていた。観終わったあと、私は深いため息をついた。アートゥロも暗い顔をしていた。この内容をファンに向けて公開して大丈夫なのかという不安だった。そして自分に良くしてくれたジョニーがヒールとして描かれていたことが悔しかった。

私とジョニーは1988年に知り合い、彼が亡くなる2004年まで密な文通が続いた。私たちを繋いだ一番強いものは、ラモーンズに対する揺るぎない想いだった。私はただの熱心なファンだったけど、ジョニーにとってラモーンズは人生における大事な核だった。彼は私の頑固でマメな性格を見抜いていたのか、私が音楽雑誌の編集部でデザインや文章を担当し、写真を撮ることもできることを知っていたからか、私に日本でファンクラブをスタートさせることを提案した。コントロールフリークのジョニーは、自分が納得いく方法で日本のファンとの距離を縮め、橋渡しができ、簡単にコミュニケーションをとることのできる〝基地〟をつくりたかったんだと思う。

『I Love RAMONES』で書きたかったことは、あの映画のストーリーだけが真実ではないということ。日本でラモーンズは常にファンの近くにいたバンドだったということ。ジョニーはバンドにとって、冷徹なだけのリーダーではなかったということ。それらが時の流れのなかで風化してしまう前に、私が覚えていることを書いた。書いて残せば、ラモーンズが間違って伝わることもないと思ったのだ。

　バンドが活動をやめたのだから、あの本の続きはないと思っていた。オリジナルドラマーのトミーが２０１４年７月11日に逝ったのを最後に、ファーストアルバム『ラモーンズの激情』のジャケットで煉瓦の壁の前に立っていた４人のメンバーは誰もいなくなった。アートゥロ・ベガも癌の告知から半年後の２０１３年６月８日に亡くなった。ニューヨークではラモーンズが出演したライヴハウスＣＢＧＢもなくなり、ファーストのジャケットの煉瓦は白く塗られてしまった。ジョニーがモズライトを買ったニューヨークの楽器店マニーズも閉店。しかし、ラモーンズにまつわる話は上書きされ、追加され、新しい事実も浮上する。

　ファンとしての自分はもう全部やりきっていたし、後悔することはひとつもない。ファンクラブはジョニーの指令で始めたが、モチベーションは歳を追うごとに自分のそばから離れていった。誰のために、どこへ向かって活動をしていけばいいのか。ファンクラブは必要なのか。書いている途中も考えていた。そんなときに編集者の浅原さんが言った。「ユキさんにとってラモーンズは過去。でも、今日から彼らを聴くファンにとってラモーンズはいま、そして夢なんですよ」と。

　公開すべきでないエピソードは墓までもっていく。でも、記録したほうがいいことは書こうと決めた。ラモーンズへの感謝も込めて、『I Love RAMONES』のその後を書いてみます。

CONTENTS

ファンクラブ

日本のファンクラブはジョニーの強い希望で誕生したので、スタートからふつうのファンクラブとは違った。活動はジョニーと二人三脚で、それが当たり前だと思って運営していたけれど、いま思うと贅沢な時間だった。たかがファンクラブだが、凄くクリエイティヴかつＤＩＹ精神に溢れていて楽しかった。当時、ロックファンはファンクラブを情報収集とファン同士のコミュニケーションの場とみなしていた。パンクバンドのファンはファンクラブに入る行為を女性的かオタクっぽいイメージで捉え、ちょっとバカにしていたと思う。日本のラモーンズファンクラブがジョニーの指揮の下、バンドと密着して運営されていることは会員以外の誰も知らなかったし、伝えるべきだとも思っていなかった。あとで知って、「ファンクラブに入っておけばよかった」と言うラモーンズファンにいまでも出会う。

90年代当時、ラモーンズファンクラブ・ジャパンには１０００人ほどの会員がいた。会員になると会員証とバッジと会報がもらえ、来日公演の楽屋に行けるチャンスもあった。会報は20ページぐらいで年に4冊、印刷・製本して封筒で送っていた。ファンレターも受けつけていて、ラモーンズが来日したときにメンバーに渡した。スタッフは数人いて、会報を発送する際は多いときで１０００人分の宛名書きや切手貼りを私のアパートでお菓子を食べながら手伝ってくれた。そうやって発送準備ができた会報を段ボールに入れ、カートに積んで徒歩10分の郵便局までガラガラと運んだ。そんなアナログな作業はスタッフの結束を強くしたと思う。いまでもファンクラブはスタッフに支えられている。信じられないかもしれないけれど、２０１７年の現在もラモーンズファンクラブ・ジャパンには毎月、入会希望のメールが届く。バンドは存在しないのに——。でも、だからこそ、ファンクラブはファンの拠り所なんだと思う。

　ジョニーからの手紙には必ず、ラモーンズの最新ニュースが書いてあった。ツアーの様子を書いた葉書が届くこともあったが、「旅先から葉書なんて普段は絶対に出さないんだ」と、来日するとわざわざ言っていた。ありがたいことだといまになって思う。文通はお互いの距離を近づけ、ジョニーの人間性を垣間見ることもあった。行間からツアー中の暇な時間をもてあましている空気も読みとれた。手紙はメールと違って用件を伝えるだけの手段ではない。手書きだし、切手を貼ったりという手間をかけることで、同じ目標に向かっている者同士の連帯感も生まれたような気がする。仕事から帰るとアパートのポストにニューヨークのオールドチェルシー郵便局やツアー先のヨーロッパから投函された手紙が月に何度も届いた。ジョニーが病気になって手紙が書けなくなるまで、そんなやりとりが16年続いた。ジョニーと文通していた時期があったから、私はいまでもファンクラブを続けていられるのかもしれない。

　最近、ファンクラブの運営について海外のジャーナリストの取材を何本か受けたけど、彼らの質問は私にとって目から鱗だった。「いつ、ファンクラブを終わらせるのですか?」と彼らは聞く。私はそれまで終わらせることを考えたことがなかった。「なんのために活動をしているのか?」「モチベーションはなんなのか?」——。そんなことを聞かれても、「活動を続けてることがそんなに不思議なことなの?」と、こっちが聞きたいくらいだった。もうラモーンズは存在していない。オリジナルメンバーは全員亡くなった。それでもファンクラブは続いている。外国人にとっては相当不思議なことなのかもしれない。

　１９９０年ごろ、ラモーンズのファンクラブは世界中にあった。なかでもイタリアとイギリスのファンクラブは会報をつくり、積極的に活動していた。イギリスのファンクラブの中心人物はジョーイファンの女の子で、会報の中身はジョーイのことばかりだったから、ＣＪやマーキーは「イギリスのファンクラブはラモーンズじゃな

90年代前半に発行していたファンクラブの会報。日本語で書かれているが、ラモーンズのメンバーに渡すと全員必ず目を通していた

LOCO PRESS
Vol.4
HE HAS ALREADY
RAMONES FAN CLUB JAPAN
GABBA GABBA HEY
YOYOGI POST OFFICE
SHIBUYA TOKYO 151 JAPAN
から11/2スタートです。
11/2
LOCO PRESS
RAMONES
L@S GUSAN@S
by Goofy.
[CJにとってのもう1つのバンド、ロス・グサノス。UKツアーの合い間に、メンバーや活動状況について語ってもらった。日本初取材!?]
—ロス・グサノスのメンバー紹介と、皆さん普段何をしているのか教えて下さい。
CJ：まず、リード・ギター担当のエド・リンチ。ニックネームは"ダーティー・エド"で、ニューヨークのレコード屋で働いている。ギターは彼の大好きな長年使用している唯一のレスポールを使っているよ。音楽にかなり入れこんでいて、他のことにはあまり興味がない。いつもギターを弾いていて、あとビールもよく飲んでるな（笑）。次に"ビッグ・ジョン"と呼ばれているベース担当のジョン・チャドウィック。彼はオレの義理の弟なんだけど、マンハッタンでオレの親父と一緒にエンジニアとして働いている。フェンダーのベースを使っていて、ギブソンの5弦ベースも持っている。色々なことに興味のあるものすごくいいヤツで、彼とはよく日曜日に射撃に行くんだ。3人めはドラム担当のフランク・サイータ"スパンキー"だ。少し前までラモーンズのクルーだったんだけど、今はバッド・レリジョンのドラム・テクニシャンとして働いている。11月から3ヶ月位ツアーに出るみたいだよ。彼も音楽中心の生活なんだけど、ビデオ・ゲームにも凝っているんだ。そして最後はもちろんオレ。ヴォーカルとリズム・ギター担当で、ギブソンのレ・6ギターを使っている。音楽が大好きで、本もかなり読むよ—特にサイエンス・フィクションやネイティヴ・アメリカン（インディアン）関係のものをね。（注：CJにはインディアンの血が流れている。）それから60～70年代の映画のポスターを集めたり、ハーレー・ダビッドソンや70年代初期の車にも興味があるし—。
—バンド結成のいきさつは？
CJ：4人が集まったのは92年のことだったと思う。もともとネイティヴ・アメリカン運動のためにシングルを1枚出したら解散する予定だった。ところがやってみたらすごく楽しくて、このまま4人で続けてやろうか、ということになって今に至るんだ。
—バンド名"ロス・グサノス"はスペイン語で
CJ：キューバのカストロ首相が自分の国の悪いことをした人達（囚人など）をアメリカへ送った時、ヤツは彼らのことを"ロス・グサノス"と呼んだ、という話からその名前を取った。ほとんどの国の政府のお偉いさんが、そういう人達のことを"ミミズ（虫けら）"のように考えているんだろうけど、まったく高慢なヤツらだよ。
—ニューヨークのクラブでライヴ活動はしているのですか？
CJ：うん、オレ達の地元ロングアイランド（マンハッタン郊外）にはクラブは少ないんだけど、その中でも"ヴードゥー"はクールですごく楽しいクラブなんだ。そこでは2～3回ライヴをやったよ。あとは、ネイティヴ・アメリカン・コミュニティー・ハウスのためのベネフィット・コンサートとして、ニューヨークのニューミュージック・カフェというところで1回。
—ラモーンズの曲なんて演奏しないですよね？
CJ：1曲も演らないよ。
—あなたは普段ラモーンズではベースを弾いているのに、ロス・グサノスでギターを選んだのはなぜですか？
CJ：このバンドを結成した時、何か違うことに挑戦してみたくて、ギターは一度も弾いたことがなかったからやってみようと思ったのさ。
—もしロス・グサノスがラモーンズより有名になったら、どう思いますか？
CJ：そうだなぁ、とてもうれしいよ。でも、引退するまではオレはラモーンズにいるよ。もし有名になったら一小規模なツアーをラモーンズと一緒か、またはオフの時にやりたいな。
—他のメンバーはどんな音楽を聴くのですか？
CJ：オレはブラック・サバスから最近のバンドのものまで何でも聴くよ。フランクはラップが大好きだけど、パンクもロックも好きだしメンバー各々、色々なスタイルの音楽を聴いている。全員が何でも聴く、というところが共通しているのが良い点だ。4人
ことをやりたい人にとってはね。
—あなたはラモーンズのメンバーなので、ロス・グサノスはサイド・プロジェクトのようなものなのかも知れませんが、他のメンバーにとってはどうなのでしょうか？
CJ：彼らはこのバンドをサイド・プロジェクトだとは捉えていないし、オレだってそう思わないよ。ここではオレのやりたいことが出来るわけだし—。でも普、オレにとってまず第一なのはラモーンズだ、ということを分かってくれているから何も問題はないんだ。
—オルタナティヴ・テンタクルズというレーベルから出したシングル「I'd Love To Save The World」には、ネイティヴ・アメリカン関係の団体の名前が書かれてありますが、あのシングルがネイティヴ・アメリカン運動のためのものなのですね？
CJ：あれは、アメリカのサウス・ダコタ州にあるネイティヴ・アメリカンの大学にささげられていて、シングルから得られるお金は全て大学にいくようになっている。アメリカ政府のネイティヴ・アメリカンに対する扱いは最低だし、だれか彼らを助けてあげられたら、と思ってね。
—そのシングルのタイトルでもある曲のオリジナルは、テン・イヤーズ・アフターというバンドの「I'd Love To Change The World」なのですが、あなたがたは"Change"の部分を"Save"に替えていますね。ロス・グサノスからのメッセージ・ソングと考えて良いのでしょうか？
CJ：原曲は60年代に書かれたもので、そのころに比べたら世の中はかなり悪くなっていると思う。確かに変化はしたけれど、それは最悪な方向へと向かっている。そんな状態は救われるべきなんだ。曲中のメッセージは明白だと思うけど、オレ達は皆お互いを尊重しながら接するべきで、もし生き抜いていきたいのであれば、生活の場を持ちたいのであれば、どこから来たとか各々の肌の色なんかにこだわるんじゃなくて、"人間"として考えなければいけない。それがこの曲のメッセージなんだ。
—最後に、これからのレコード・リリース＆ライヴ予定があれば教えて下さい。
CJ：来年アルバムを出すつもりではいるけれど、どこから出すことになるかはまだ分からない。でもオルタナティヴ・テンタクルズからがいいなぁ、と思っているんだ。来年はコンサートもやりたいな。オレ達を呼んでくれる人（プロモーター）がいれば、もちろん日本にも喜んで行くし、何回かショウもやりたいよ。
LOCO PRESS
DISC@GRAPHY
Los Gusanos
Vital Music Records (VMS 21)
I'd Love To Save The World
Alternative Tentacles (Virus 141)
これがインタビュー中に出てくるチャリティー・シングル。2曲入り。CDで買うと4曲

くて、ジョーイのファンクラブだ」と、来日すると私にわざわざ不満を口にした。「お前はフェアにやれよ」と言われているようにも聞こえた。その一方で、日本以外の国でもバンドがファンクラブとしっかり接触している様子は伺えた。私がニューヨークにいた１９９１年、世界中からファンクラブの会長がライヴを観に来ていた。ボストンの公演からニューヨークに戻るとき、バンドのバンに彼らを乗せてあげていた。ただ、日本のファンクラブのようにメンバーが積極的に関わっている国はなかった。

ファン想いのバンドであることは間違いない。ジョニーだけじゃなくジョーイも、マーキーもＣＪも。ただの若造だったＣＪが３人の背中を見て育ち、ファンとの接し方を学んだことは、いまの彼の行動を見ればわかる。『I Love RAMONES』にも書いたけど、１９８６年にラモーンズファンの女友達ふたりと初めてニューヨークに行き、サイアー・レコードの前でジョーイに偶然会ったとき、ジョーイは私たち３人のために３個のバッジをポケットに入れてオフィスから降りてきてくれた。小さな出来事だけど、ジョーイがファンのことをどう思っていたかわかるエピソードだ。

ジョニーは「英語ができたら、お前はワールドワイドでオフィシャルのファンクラブをやれたのに」と、よく残念そうに言っていた。ジョニーは世界中のファンとバンドを繋ぐ〝基地〟をもちたかったのだろう。

ジョニーが亡くなってから、ラモーンズファンクラブ・ジャパンはアメリカのビジネスマンたちに攻撃された。ただの私設ファンクラブなのに。「ロゴを使うな」「関係者と連絡をとるな」「いくら儲けているんだ?」——。ラモーンズを聴いたこともない連中に攻撃されると腹が立ち、「お前らに何がわかる。何年もＤＩＹでやっているのにガタガタ言うな」とむきになって反撃した。ラモーンズファンクラブ・ジャパンのサイトのトップ画面にはメンバーがくれたメッセージを載せた。そしてサイト内の「ALL ABOUT FAN CLUB」の頁には、「ファンクラブを運営しろ。信頼している」というジョニーからの直筆の手紙を載せた。ビジネス目線でファンクラブを見ている奴らからの防衛のためだ。ラモーンズを好きじゃない奴はこのサイトを見なくていいという意志表示だった。

うんざりすることが続いても、入会を希望する新しいファンから連絡があったり、「本を読みました」と言われたりすると、もう少し頑張ろうと思えた。私は彼らの姿に、ファンクラブに入りたくて探していた20代の自分を重ねていた。そして、ジョニーがサポートしてくれたファンクラブを簡単に終わりにしたくないという思いがあった。バンドが現役時代に存在した世界中の私設ファンクラブは、ビジネスマンからの攻撃に負けたのか、モチベーションが途切れてしまったのか、生活が変化したのか、残念ながら全滅してしまった。

情熱はいつかきっと冷めるものなのだろう。私は運よく近くでバンドを見てきたからか、いまもファンクラブを続けている。私を支えているエネルギーはなんなのか。ファンのため？　ジョニーへの恩返し？　そしていつ終わらせるのか。いまも本当にわからないままだ。気持ちが弱ることがあったとしても、ジョニーが日本のファンにしてくれたことを思い返し、自分を奮い立たせることはできるような気がしている。

ラモーンズの楽屋

1995年。最後の来日公演では毎日、終演後にファンクラブの会員を楽屋に招待する〝ミート&グリート（ミーグリ）〟をやることになった。ジョニーは「ラストツアーはなるべくたくさんショウをやりたい。行ったことのない場所に行きたい」と言っていた。ラストツアーの候補地を選びながら、日本地図の北海道や九州の下のほうを指差して話した。このときの思い出が、のちに私がCJを宮崎に連れていくきっかけになった。

「俺が何をしたらファンクラブの会員はハッピーか？」とジョニーは手紙でよく聞いてきた。私の英語力に合わ

川崎クラブチッタの楽屋横の機材置き場でのグループショット。撮影が終わると同時にステージに出ていくのがラモーンズのフォトセッションの流れだった（1995年10月18日撮影）

せて簡単な単語を使ってくれたのかもしれないけど、彼はとにかく「ハッピーか？」と聞いた。往復葉書でラモーンズのサインをもらう、全員プレゼントの企画もオーケーしてくれた。往復葉書にサインするのをメンバーの誰ひとり嫌がらなかった。ジョーイもせっせと書きながら、「こっちはどうするの？」と、半分を切ってポストに入れる往復葉書の仕組みを不思議そうに見ていた。ファンサービスに関してノーと言われたことは一度もないが、私設ファンクラブのリクエストのすべてを日本のレコード会社やプロモーターが受け入れてくれるわけではない。でもラモーンズのプロモーター、スマッシュの小川大八さんはミーグリも許可してくれた。当時、ミーグリはさほど頻繁に行なわれているイベントではなく、公演終了後にやる面倒な企画という印象のほうが強かったと思う。

ミーグリはライヴ終演後に毎回やった。抽選で選ばれた会員を5分以内にジョニー側のPAの前に集合させるため、私は「集合場所」と手書きした黄色い看板を挙げて立つ。そして汗だくの会員が集まるとラモーンズの楽屋に連れていく。楽屋のなかにいられるのは10分から15分。事前にマネージャーのモンテとルールを決めてそれを毎日守った。楽屋前の通路に整列するとなかからメンバーの声が聞こえてくる。その声に緊張が最高潮に達したようで、「吐きそう」と言いだす子もいた。モンテが楽屋から顔を出すと「入っていい」という合図だ。楽屋ではみんなプレゼントを渡したり写真を撮ったりしてからサインをもらった。メンバーはいつもフレンドリーで、会員のつたない英語もちゃんと目を見て聞き、コミュニケーションをとってくれた。ラモーンズのメンバーは誰もがファンと接することを本当に楽しんでいた。ミーグリがあった翌日、ジョニーは「会員は満足している？」と私に聞いてきた。「当たり前じゃん」という返事を私は何度したかわからない。

日本のファンが特別だということを当時の私は理解していなかった。でも「日本のファンは南米みたいに抱きついたり髪を引っ張ったりしない」とCJから聞かされ、南米のファンの行為に驚いた。そして日本のファンがメンバーを尊敬し、礼儀をわきまえていることを知った。メンバーにプレゼントを渡すし、サインをねだるときもその場にある紙ナプキンの裏とかではなく、色紙はもちろん、家からもってきたモズライトや革ジャンを差し出すファンまでいたから、本気度はメンバーに伝わっていたみたい。ジョニーは自分が野球選手や映画スターのサインをコレクションしていたので、サインをもらう側の気持ちを理解していたと思う。なにしろサイン用のマイペンを胸のポケットに忍ばせているギタリストだったから。ペンがなくて慌てるファンに、「あるよ」と言ってポケットから青と黒のサインペンを出したのを初めて見たときは驚いた。

メンバーは4人ともミーグリで受けとった手紙に目を通していた。「なんて書いてあるの？」とジョーイに聞かれて説明したこともある。みんなおざなりではなく、ちゃんと理解しようとしていた。こうしたファンへの対応はマーキーやＣＪ、リッチーにも継承されていて、いまでも嫌な顔をせずサインしてくれる。ジョニーの言う「バンドにとってファンが一番」を実行していた。誠実にファンと接する彼らを長いあいだ見てきたことで、知らず知らずのうちに私にも変化が起きていた。

メタル雑誌とラモーンズ

１９８８年、ラモーンズの来日が決まると私はチケット発売開始に備えて中野サンプラザの前に寝泊まりし、なんとしてもチケットを手に入れようとしていた。その一方で自分が在籍するBURRN!にラモーンズを載せてやろうと企んでいた。メタル雑誌だけど……。そして「7年ぶりに2度目の来日をするラモーンズを取材したい」と編集会議で提案した。ラモーンズのメタルバンドへの影響を認めていた編集部員は賛成したが、編集長は「ラモーンズはパンクだろ。うちの雑誌がとりあげるバンドじゃない」と言った。当時の日本ではメタルとパンクは相容れないジャンルだった。粘る私と編集長は押し問答になり、1頁ももらえないまま編集会議は終わった。

私は諦められず同じフロアにある広告部に行き、「広告って1頁買うといくらなの？」と聞いた。自分で頁を広告用に購入すれば、好きに頁をつくれる。編集会議でオーケーしてくれなかった編集長への当てつけに1頁買ってやれという作戦だった。でも、1頁の広告料は凄く高かった。「ローンはできるの？」と聞くと広告の担当者は半ばあきれ顔で「ユキさん、いったい何をしようと思ってんの？　買う気なの？　とりあえず1頁は押さえとくけど、この頁の広告はどこの企業かと編集長に聞かれたら、なんて答えればいいんだよ」と言った。私は「頼むから2、3日だけキープして」と手を合わせてお願いした。20代の情熱は無茶苦茶だ。

翌日、メタル系のミュージシャンがラモーンズのTシャツを着ている写真を集めて編集長のデスクにもっていき、「こんなに影響を与えてるんです」と訴えたが、編集長はまだ渋い顔をしていた。頭にきて今度はメタルバンドがカバーしたラモーンズの曲を編集したカセットテープをつくることにした。そんな作業をコソコソとやっていると編集長が広告部の担当者を呼び、「このモノクロの1頁の広告はどこの会社？」と私が押さえた頁を指差して聞いた。編集長と席が近い私がハラハラしながら耳をすまして聞いていると、広告部の担当者は私を横目で見ながら「新しい会社に1頁仮で押さえてほしいと言われまして……」と答えた。編集長が「どこの会社？　そろそろ決めなきゃならないんだ」とさらに質問をしたので、ヤバいと思った私は開き直って編集長に向かって言った。

「その1頁は私が買う予定です！」

広告部の担当者は「あ〜あ」という顔、編集長は「はぁ？」という顔になった。「広告頁を買えば自分の好きな頁つくっていいんでしょ？　だからローンで買ってラモーンズを載せる！」と私が続けると、他の編集部員は「マジかよ」という顔をし、編集長は「わかったよ。もういいよ」と観念したように言った、私はラモーンズ

左頁：ヘヴィメタル専門誌BURRN!の読者に向けたラモーンズのサイン

Keep
Rockin
Ramone

Dee
Dee
Ramone

Johnny Ramone

To All BURRN FANS

SPECIAL INTERVIEW with

RAMONES

★キッズの理解や情熱が、エネルギーを持続させるバイタリティになる★

by YUKI KUROYANAGI／BURRN！
pic:GUTCHIE KOJIMA／BURRN！

毎月、本誌のどこかしらでその名前を見付けることのできるバンド——RAMONES。15年間変わることのないその姿勢は、ファンや"自分達もそうありたい"と同じアティテュードを持つミュージシャンに支持されている。ここ何年間、国内盤が発売されなかったにも関わらず、来日を果たしたRAMONESのジョーイ・ラモーン〈Vo〉、マーキー・ラモーン〈Ds〉、ディー・ディー・ラモーン〈b〉の3人にバンドとシーンについて語って貰った。

——ベスト・アルバム「RAMONESMANIA」の中から"I Wanna Be Sedeated"をシングルやビデオ・クリップに選んだのは何処ですか？
ジョーイ・ラモーン：この曲は俺達のクラシック・ソングだし、ずっとシングルにしたいと思っていた曲なんだ。ビデオもその為に作った。実はアメリカではきょう（10月25日）シングルとしてリリースされるんだけど、A面はオリジナル・ヴァージョンでB面はメガ・ミックス、ダンス・ミックスになっているんだ。
マーキー・ラモーン：俺達の曲の中で最もポップな曲だし、ビデオ・クリップにするにはこの曲が最もマッチすると思ったからさ。
——マーキー、あなたは一度RAMONESを脱けて今再びバンドに居るわけですが、昔に比べてRAMONESというバンドに何か変化はありましたか？
マーキー：何も変わっちゃいないよ。いなかった時期、俺はRAMONESの大ファンだったし。(笑)
——マーキーは以前DUSTというHMバンドにいたそうですが、どんなバンドだったのですか？
マーキー：DUSTは俺が16歳の時にやっていたHMバンドで、ケニー・アーロンソン（ベーシスト）なんかと一緒にプレイしていてアルバムも2枚出した。当時（'68年頃）はHMという音楽がスタートしたばかりでバンドもシーンも、まあ良い状態だったと思うよ。
——例えば1stアルバムや2ndアルバムなど、昔の曲を今でも新鮮な曲として聴くことができるのは何故だと思いますか？
ジョーイ：俺達の演奏が常にエキサイトメントであるし、俺達のアティテュードが新鮮だから自然とそう聴こえるんだ。人は年老いてくると金の為だけに働くようになる。例えばいわゆるカムバックだって殆どは最低さ。AEROSMITHは違うけど。彼らが戻ってきたのは本当にエキサイティングだった。でも大半はカムバックなんかしたくなかったのさ。引退して裕福に暮らしていたかった。でもコカインだの何だのに金をつぎ込んでしまい、カムバックせざるを得なかったんだ。
でも俺達は違う。プレイすることを楽しんでいるし、メンバーとの仲もうまくいっている。確かにいろいろなことはあったけど、自分達にとっていかにRAMONESが大事なものかはお互い分かっているからね。名声じゃない、RAMONESの重要性こそが人を動かすんだ。今じゃまるで本当の兄弟みたいだよ。このバンドにいてイヤな思いをすることなんてないし、心から幸せだ。俺自身こうして活動していることを楽しんでいるし、キッズの為にプレイするのを楽しんでいる。そういうファンの情熱こそが俺達を前進させてくれる。もちろんこれからファンになるキッズも含めてね。
ディー・ディー・ラモーン：常識的に考えたら、15年もやっていて未だに1stアルバムの曲をやっているなんて"なんて長い間"と思うんだろうけど、俺達にとって自分達のエネルギーを維持し続けていくことっていうのは、まるでスポーツのようなものなんだ。それをやっていくには精神的にも肉体的にもいいコンディションである必要があるわけで、常にそれを心がけてはいるよ。"Needles And Pins"なんてずい分速い曲になってしまったように聴こえるんだろうけど、15年もやってる俺達にしてみればまだ遅い気がするんだぜ。(笑)それ位エネルギーはあるし、それがRAMONESでもあるんだ。
マーキー：RAMONESが10年前、15年前に何を見てきたかをみんなが理解し始めてきてくれてるんじゃないかと思う。ヒット・レコードにつながればそれはそれでうれしいけど、その為に何かをやるってことはRAMONESでは絶対あり得ない。要はそういった周囲の連中やキッズの理解や考え方がエネルギーを持続していくヴァイタリティになっていくのさ。
——どんなことにインスパイアされて曲を書きますか？
ディー・ディー：俺は現実社会で起きる出来事を、切々と書き上げていくのが好きだ。それを基本にしながら少しずつ自分の思想や体験してみたいことを書き足していくことが多いけど…まぁ殆どは自分の体験してきたことばかりだな。
——ライヴでバラード調の曲は演奏しないのですか？
ジョーイ：ライヴではアップ・テンポの曲をやっていきたいんだ。軽快で速いペースを保っていきたいからね。ショウの進行状況にもよるけど2回同じことをやってもしかたないから。きょうも曲は少し変わるよ。RAMONESは昔以上にアグレッシヴでエキサイティングになっているから、古い曲をやるのも楽しいよ。
——"Bonzo Goes To Bitbirg"や"Something To Believe In"のビデオ・クリップなどで、チャリティ・ブームやアメリカ社会を皮肉っていますが…？
ディー・ディー：アメリカ社会や政府を批判するつもりは別にないけれど、コンサートに来るキッズにはそういうものに対する認識を持っていてほしいと思っている。だからといってRAMONESはそういったメッセージを押しつけるバンドじゃないけれど、言いたいことを言うという考え方やR&Rのライフ・スタイルなんかは常に持っていてほしいと思う。そういった意味のキッズに対するメッセージはあるよ。
——ジョーイはよくNYのライヴハウスに足を運んでいるようですが、今のNYのクラブ・シーンはどんな状況ですか？
ジョーイ：今のNYはR&Rバンドにとって健康的で良い環境であると言えるね。俺は、見るべきだと思うバンドは見るようにしているしクラブにも足を運んでる。ざっとあげただけでもKINGDOMとかDICTATORSとか、RAGING SLAYERとか…。今までクラブで活躍していたバンドがどんどんメジャー・ディールと契約を交わしている。もう知られすぎているけどANTHRAXみたいなバンドもいるし、NYはとにかくエキサイティングな音楽が溢れているよ。
——そういった若いバンド達の中に、RAMONESのアティテュードに近いと思われるバンドはいますか？
マーキー：今のNYのアンダーグラウンド・シーンは本当に健在だよ。特にスラッシュ系のバンドは多く活躍しているし、そういったエネルギッシュな連中の音楽は俺もよく聴くし、ライヴも見に行っている。ただ、俺達のスタートした頃のバンドが持っていたオリジナリティと比較してしまうと、今のバンドはHMバンドに限らず、エネルギッシュではあるけれどオリジナリティには欠けるんじゃないかと思うね。
例えば曲を1曲書くにも、昔のバンドの作った曲をベースにし、それにエッセンスを足して作っているものであって、RAMONESがスタートした頃のように誰もやっていないところに1から出ていき、シーンを作っていくというようなクリエイティヴな面は見られないと思う。そういう点が問題といえば問題だけど、今のシーン自体は良いバンドも沢山いるし、凄くエネルギッシュでいいんじゃないかな？
——チャートに入っているようなバンドについては、どう思いますか？
マーキー：チャートを含めたシーンの中で良いバンドと言われたら…うーん、GUNS N' ROSESの名前をあげるけど、彼らにしてもR&Rのゴツゴツした部分を削りとったロックだと思う。今のHMと呼ばれるグループの中には、俺のオヤジやオフクロまでもが聴くことのできるAOR性を持った音楽になってしまっているものもある。それが悪いとは思わないけど、昔は大好きなグループだったCHEAP TRICKが、カムバックし、再び成功したのもバラード・ナンバーだった。こういう風にシーン自体が軟弱化してきてるっていうのは、あんまり良い傾向じゃないと思うなぁ…。
——今まで関わってきたプロデューサーでRAMONESの音を最も適確に表現してくれた人は誰でしょう？
マーキー：1stアルバムから「ROAD TO RUIN」、それに「TOO TOUGH TO DIE」に関わっていたトミー・アーディやクレイグ・レオン、それに「HALF WAY TO SANITY」のダニエル・レイやジーン・ボーヴォワー、彼らは、RAMONESの音を的確に表現してくれたし、よく理解してくれていたと思う。クレイグやジーンとは今後も一緒にやってくよ。
——今まで発表されているアルバムの中で、気に入っているアルバムはどれですか？
マーキー：「ROAD TO RUIN」「PLEASANT DREAMS」、あと俺は参加していないけど1stアルバムと「ROKET TO RUSSIA」も好きだ。「ROAD TO RUIN」は「ROKET TO RUSSIA」よりも政治的な部分を追求したアルバムだった。「PLEASANT DREAMS」は当時のブリティッシュ・インヴェイジョンに対しての解答だ。
ディー・ディー：俺は「TOO TOUGH TO DIE」だ。このアルバムは今までのRAMONESのアルバムとは違ったもの、変わったことをしようと心がけて作ったアルバムだったから、作るのは苦労した。そういう意味も含めて想い出深いアルバムだよ。
——RAMONESというバンドが15年間続いている最大の理由は何でしょう？
ディー・ディー：俺達にはRAMONESというバンドで音楽をやっていこうという堅い決心があったし、それは自分達にとって本当に価値のあることだった。TVに出たり雑誌に載ったり着飾ったりと、違う目的の為にバンドをやったりする奴らもいるけれど、俺達の目的はそんな安っぽいものではなかった。それと基本的に自分達のやってること、やってきたことを楽しんできたからだ。楽しむ為ならみんな努力するし、何でもやろうとするだろう？　そういう部分があったから続けてこれたんじゃないかな…。■■

(l. to r.)Dee Dee Ramone, Marky Ramone, Joey Ramone, Johnny Ramone.

BACK FOR MORE➡Ready 4 Action:1988年9月号

BURRN!（1989年1月号）に著者がつくったラモーンズの頁

のための1頁をゲットした。

2度目の来日を果たしたラモーンズは六本木にあったプリンスホテルに宿泊し、取材はそこで行なわれた。私はジョーイとマーキーを取材し、あとからディー・ディーも入ってきたのでディー・ディーからも話を聞くことができた。取材が終わって部屋を出ると、ホテルの通路にジョニーがいて、つまらなそうに窓の外のプールを眺めていた。私はジョニーに声をかけ、「今夜のライヴ行きます」と言ったが、「ふーん」と素っ気ない。さらに、「神戸と次の大阪も行きます」と言うと、「えっ、毎日？」と驚いた顔になった。「イエス。私の給料は全部チケット代」とつたない英語で言うと、少し表情が緩んで「オーケー」と言った。ジョニーとの最初の会話はこんな感じだった。マッシュルームカットの本物のジョニーを前に心臓がバクバク鳴って、それ以上は無理だった。

たった1頁だったが、ラモーンズはメタル雑誌の壁を突破した。読者の反応もよかったので、次の来日（1990年）では3頁もらうことができた。とはいえメンバーのインタビューと写真で頁を目一杯使ってしまい、どうしても載せたかったセットリストは欄外の余白に小さく配置した。これは、ラモーンズの掲載を渋っていた編集長がかつてミュージック・ライフの編集部員時代にやった戦術を手本にした。マドンナやシンディー・ローパーのようなメジャーなミュージシャンが並ぶなかでメタルの頁を十分に確保できず、与えられた頁の隅から隅まで使ってテキストと写真を配置していた。ラモーンズが載ったBURRN!が納品されたとき、それを伝えると編集長は苦笑いをしていた。こんな攻防も楽しかった。当時、ラモーンズがカラーで掲載された雑誌は宝島ぐらい。音楽雑誌はすべてモノクロ頁で地味、ラモーンズはインディーズバンドみたいな扱いだった。それが80年代終わりのリアルなラモーンズだ。まだレジェンドではなく、パンクの生き残りのように思われていた。

もう時効だと思うので書いてしまうけど、CJはラモーンズに加入する前の10代のとき、アックス・アタックというヘヴィメタルバンドをやっていた。BURRN!編集部には海外からデモテープや写真が毎日のように届き、実はそのなかにアックス・アタックの写真もあった。ロングアイランドのバンドでルックスは、ロングの盛りヘアーに袖をピラピラにカットしたTシャツをヘソ出しで着て、ピタッとした皮のパンツを穿くという当時流行りのLAメタル風。メンバーのバイオに名前は〝グリス〟と書いてあった。CJと仲良くなってから、「私、アックス・アタックのアー写もっているんだ」と言ったら顔が真っ赤になったので、たぶん本人だと思う。

イーストヴィレッジの兄貴

1980年代後半、パンクムーヴメントはとっくに終わって、ジョニーも映画『エンド・オブ・ザ・センチュリー』で語っていた通り、パンクバンドにはつらい時代だった、しかし、ロックシーン全体としては、ニューウエイヴやスラッシュメタルのバンドが続々と登場するなど、新しい香りがしていた。

BURRN!編集部にいた私は、当時流行っていたニューヨークのスラッシュメタルバンドの新着写真を見る機会に恵まれていた。デビューしたてのメタリカやアンスラックスの写真が通信社に山のようにストックされ、それらのバンドを楽屋で撮った写真にはジョーイが一緒に写っていることが少なくなかった。楽しんでいる感じが写真から伝わってきた。実際、1988年の来日時にジョーイは、「いまのニューヨークは健全だよ。健康的で音楽もエネルギッシュで楽しい」と語っていた。

日本で取材された記事の写真に、ジョーイがBURRN!のロゴTシャツを着て写っているのを見て不思議に思った人がいると思うけど、あれは私がプレゼントしたものだ。雑誌のロゴTシャツはいつも取材後に渡していた。おそらくジョーイは自分がそのころ足を運んでいたニューヨークのライヴハウスで、BURRN!のTシャツを着た

ラモーンズのツアーの合間に、ディクテイターズのハンサム・ディック・マニトバたちとCBGBのステージに立つジョーイとCJ（マーキーもいた）。ジョニー以外のメンバーは気軽に地元のライヴに飛び入りしていた（1991年5月18日撮影）

バンドに遭遇していたと思う。非売品だったので手に入れるには取材を受けるしかなかったが、88年の来日で実現した。ロゴTシャツを手渡すと嬉しそうに私の前で着てしまい、その後に行なわれた別の雑誌の取材の写真もすべてBURRN!のTシャツを着て撮影された。ラモーンズのメンバーはアメリカの音楽雑誌CREEMのロゴTシャツを着ているときもあったから、音楽雑誌のTシャツを着るのが当時のトレンドだったのかもしれないけど、ジョーイは相当お気に入りだったようで、他のメンバーにプレゼントしたのも奪って毎日着ていた。

1990年代に入って出版社を退社し、ニューヨークのイーストヴィレッジのアパートに住んだ私は、ジョーイを路上でよく見かけた。ジョーイだけでなくソニック・ユースのサーストン・ムーアとキム・ゴードンもよく見かけた。ラモーンズのなかでジョーイだけがイーストヴィレッジ・エリアに住んでいたから、私にとってジョーイのライフスタイルはわかりやすかった。ツアーから戻ると夜な夜なクラブへとくり出して音楽漬け、そんな感じ。ニューヨークのローカル局のラジオを聴いていると、スタジオに電話をかけたジョーイの声がいきなり生放送で流れたこともあった。

「ハロー、いまうちでパーティをやってるんだ。聞こえるだろう?」

ジョーイは誰とも分け隔てなく交遊を深めていて評判がよかったし、その様子はローカルなインディーズの新聞ヴィレッジ・ヴォイスやロック雑誌に掲載されていた。

ジョーイのアパートの近くにはCBGB、コンチネンタルディヴァイド(現・コンチネンタル)、そしてロックンロール系のバンドがよくブッキングされていたキャットクラブというライヴハウスがあった。アパートの向かいにあったのが、コンチネンタルディヴァイド。そして3ブロック先にキャットクラブがあった。ジョーイはキャットクラブによく顔を出していて、DJをしたり、女の子のメタルバンドをプロデュースしたりしていた。ニューヨークに住んでいたハノイロックスのマイケル・モンローとも仲が良く、この時代のジョーイはロックンロールやスラッシュメタルに傾倒していた。だからキャットクラブでジョーイはそうしたバンドに慕われて人気者だった。ラモーンズが全米をツアーして種を蒔いたことで誕生した次世代のバンドにとって、ラモーンズはシーンの英雄だったし、ジョーイはパンクもメタルも関係なく、イーストヴィレッジの兄貴的存在だった。

海外のファンと日本のファン

ファンクラブの活動は日本のファンのためだけにやればいいと思っている。その一番の理由は英語で対応する時間とキャパシティが自分になかったからだけど、海外のファンは日本のファンほど真面目でも熱心でもなく、ビール瓶をステージに放り込んだりしながら観ているような連中だと決めつけていたこともある。ラモーンズのアメリカツアーに同行して以来、いいイメージがなかった。それに日本のファンクラブに接触してくる外国人はコレクターが多くて興味をもてなかった。だから〝○○ラモーン〟を自称し、Facebookで毎日のように友達申請を送ってくる世界中のファンを私は最近までほとんどスルーしてきた。日本の熱心なファンとだけ繋がれば十分だと思っていた。冷たいようだけど、どこかで線引きをしないと。もっと言ってしまうと、１９９６年にアルゼンチンまでラストライヴを観に行ったことすら過去の思い出となっている自分と生のラモーンズを観たことがなくてただ憧れる世代とでは価値観を共有できないと思っていた。

それでもたまに、海外のファンから気持ちを揺さぶられるようなメールが届いた。

「私の国にファンクラブはなく、ラモーンズを体験したこともありません。でもラモーンズを好きになりました。あなたはバンドの近くにいた人でしょ？　どうしても知りたいことがあるんです」

そんな熱いメッセージには根負けし、返事を書いた。それでも私は、ファンクラブをやってるけど、ただのファンのひとりなんだから放っといて！　と思っていた。

世界のいろんな場所でラモーンズを観た。国によって情勢も国民性も違う。南米ではラモーンズはアイドルで、貧しい人たちを癒し、パワーや楽しさを与える存在だった。子供たちは憧れを通り越して、すがりつくような眼でラモーンズを観ていた。ヨーロッパでは現役時代はライヴバンドで、いまはカルト的な存在になっている。アジアでは日本以外にラモーンズが正しく評価されている国が存在するのかよくわからない。例えば、韓国ではラモーンズのＣＤはファーストアルバムしかリリースされていない。日本は恵まれていた。映画『エンド・オブ・ザ・センチュリー』でも描かれていたように、ラモーンズがツアーしてライヴをやっていない土地には種が蒔かれなかったのかもしれない。

ラモーンズの実際の姿を教えてくれる人がいない国のファンにとってバンドの真実は映画『エンド・オブ・ザ・センチュリー』で描かれたストーリーで、その先は存在しない。ジョニーはヒールのままで、ジョーイとジョニーが本当に大事な場面では話をしていたことなんて誰も知らないのだ。

２０１２年10月にイタリアからザ・マンジズが来日した。彼らと話した私は、海外のファンに対するイメージが少し揺らいだ。メンバー全員がラモーンズの大ファンで、体中に彫ったタトゥーもすべてラモーンズをモチーフにしたものだった。マンジズとは初対面だったけど、彼らがラモーンズを大好きなのは伝わってきた。彼らは私に会うのを楽しみにしていて、聞きたいことがたくさんあるそうなので、横浜のライヴハウスに会いに行った。「ユキが来たよ」と呼ばれると砂糖に群がる蟻のようにメンバーが集まってきた。挨拶も早々に私の表情を窺いながら「聞いてもいいのかな？」と切り出した。私は「なんでも聞いて」と笑顔で言った。せっかくイタリアから来て会いたいと言ってくれたんだからくだらない質問にも答えようと思っていたが、質問は深かった。

左頁：イタリアのパンクバンド、マンジズのメンバーのタトゥー

ROAD
RUIN

「アメリカでジョニー・ラモーンの本が発売されたけど、あの本は確かにジョニーの言葉でしょう。あなたはあの本はいい本だと思いますか?」

最初の質問がこれか! と驚いた。ごった返すライヴハウスの入り口前の階段に座ってする話ではなかった。私が「あぁ、あの本のことね……」と言うと、全員が固唾を飲んで私の顔を見つめる。真相を求める顔をしていた。

アメリカで発売されたジョニーの本は私にとって謎の多い本だった。私はジョニーの母親から、この本のためにインタビューしたスティーヴ・ミラーというジャーナリストの原稿の原文のコピーを半分受けとっていた。亡くなる直前の生き絶え絶えのジョニーが正直にラモーンズの話をしたことがわかる内容だった。体調が最悪でも、「まだ話せる。やろう」と言って何日も何時間もかけて話をしたという当時の状況も正確に残されていた。「彼は頭が良かったし、お金に対する考えも躊躇なく話した。もしも自分が死ぬ間際だったとしたら、こんなに明確に話すことはできるだろうか?」というスティーヴ・ミラーの心情も記されていた。しかしできあがった本は、ジョニーの妻のマネージャーの名前で発売された。内容も大きく異なっていた。インタビューをしたスティーヴ・ミラーの名前はサンクスリストにあるだけだった。そんないわくつきの本についての質問が最初だったから、これはきちんと答えなければと思った。なぜならマンジズはあの本の内容から不自然さを感じとっていたからだ。

マンジズの質問はラモーンズが大好きで理解したいのに混乱しているふつうのファンの肉声だった。次の質問は「ジョーイをリスペクトしてイベント用に100円ぐらいのバッジをつくったんだ。金儲けのためじゃなかったのに訴えると言われて回収するはめになった。なぜ応援するのがダメなの?」だった。ビジネスマンたちは愛情なんてもち合わせていないから平気でファンを攻撃した。男4人が瞬きもせずに私の説明に聞き入っていた。

マンジズのメンバーは日本のファンのような追求型で忠誠心もあり、ラモーンズの本当に深い部分まで知りたがっていた。イタリアには現役時代のラモーンズと深く繋がっている人はいなかった。ラモーンズのメンバーが

上：渋谷の路上でファンに求められサインするマーキー・ラモーン。ツアー中のラモーンズをマーキーが撮影したプライベート映像『RAMONES RAW』の発売記念プロモーションで来日した（2005年3月11日撮影）
下：リッチー・ラモーン、下北沢のロックバーPoor Cowにて。ファンクラブでは初来日のリッチーとのミーグリを企画し、『TOO TOUGH TO DIE』の立ちポーズを再現してもらったり、ドリンクに何が入っているかを当てるゲームなどをして交流を深めた（2016年5月6日撮影）

口にしていた「アメリカの次に好きな国は日本」という台詞が、他の国のファンたちにはかなり印象に残っていたのだろう。そして90年代から活動を続けている日本のファンクラブなら自分たちの疑問にも答えてくれるかもしれないと思っていたみたいだった。南米にラストツアーを観に行ったときもファンに言われた。「あなた日本人？　ラモーンズのメンバーがテレビで日本が大好きだって言っていた。羨ましいわ。私もいつか日本に行ってみたい」

なぜラモーンズがこんなに日本のことを好きだったのか。私にはその理由がわかる。ジョーイがよく、「東京はニューヨークみたい」と言っていた。彼らの地元クイーンズと同じセブンイレブンまである国だから、親しみやすかったこともあるだろう。でも一番の理由は日本のファンの存在だ。日本のファンのラモーンズに対する忠誠心こそ、あのころのラモーンズにとって大切で、必要なエネルギーだったと思う。革ジャンを着て破れたジーンズを穿き、ライヴで歌い続けているファンの姿に、彼らは自国では得られない情熱を感じていた。ラモーンズが好きなのは日本でなく、正確に言えば「日本のファン」なのだろう。だから彼らはどんなときでも日本のファンと真摯に向き合い、ファンクラブのイベントにも協力してくれたんだと思う。

東京にいたディー・ディー

バンドは活動を終えていても、ファンクラブを運営していると不思議なことが起きる。

２０１５年のある日、Facebookをチェックしていると、ディー・ディーの妹を名乗る人物からのメールを見つけた。読むと本当にディー・ディーの妹さんだった。彼女はフロリダ在住のドイツ人で、ベルリンのラモーンズミュージアムの館長に連絡をとり、私のFacebookのアカウントを知ったという。メールには写真が2枚添付されていて、そのうちの1枚は日本で撮った写真だった。笑顔がかわいい小さな男の子が両親と一緒に写っている。その子が2歳のディー・ディーだった。なんとディー・ディーは当時、日本に住んでいたのだ。

ディー・ディーの父親は軍人だった。勤務地は韓国だったが、家族は東京で暮らしていたそうだ。妹さんは生まれていなかったので、古い写真の裏に書かれたコメントで知ったことや父親に聞かされたことを私に伝えたかったらしい。

2001年にソロで来日したとき、ディー・ディーからも聞かされていた。

「俺、東京に住んでいたことがあるんだ。小さすぎて何も覚えてないけど、お手伝いさんがいつも俺を紐で背中に結わえて仕事をしていた」

ディー・ディーが〝おんぶ〟されていた。日本の昭和を連想させる光景とディー・ディーのミスマッチに驚いたが、そんな昔話を聞かされても当時の私はさほど感心をもたなかった。当事者が亡くなったいまだからこそ、特別に思える話もあるのだ。あのディー・ディーがおんぶされていたなんて、なんだかあたたかくて微笑しい。

ディー・ディーは幼少期の東京の思い出を大人になってからも大事にしていた。それが頷けるほど、のちのディー・ディーの人生は破綻していった。この写真のころ、父親が37歳、母親は20歳。気が短かった父親は、軍人として駐屯地を点々とする仕事のストレスもあり、たびたび家族を罵倒していたらしい。東京からドイツに戻ってからはさらに酷く、父親はアル中になり、家族に暴力を振るった。その犠牲となったディー・ディーは10代でドラッグに走る。

妹さんのメールをきっかけに、私はディー・ディーに関する書籍をすべて引っ張り出して読んだ。ある本には、「翌年の暑い夏にドイツに戻った。妹が生まれてからは地獄の日々が始まった」と日本を離れてからのことが書

右頁：ディー・ディー・ラモーンの幼少期の家族写真（ディー・ディーの妹ビバリー・マリガン氏提供）　左頁：1980年の初来日時にラモーンズはNHKテレビの歌番組「レッツゴーヤング」やNHK-FMのラジオにも出演した。写真は「サウンドストリート」の収録前、日本フォノグラムの担当ディレクターの諸星真氏とディー・ディーのツーショット（諸星真氏提供）

CR-601
スタジオ
CR-601
UNDERTONES

かれている。さらに一家はディー・ディーが10歳のときにニューヨークに引っ越すが、その生活は荒れていた。ディー・ディーは14歳のころを振り返り、「LSDを100回はやった」と書いている。

妹さんはメールに「父は2007年に他界し、自分はフロリダでひとり暮らしをしている」と書いていた。ドイツ在住の母親とは一緒に住めない事情があるのかもしれない。そして聞けなかったが、兄であるディー・ディーとの確執もあるようだ。「妹が生まれてからは地獄の日々が始まった」というディー・ディーの言葉には他人が詮索できない闇がありそうだった。

メールは数回やりとりした。妹さんは控えめで表に出たがらないタイプだったけど、「ディー・ディーの写真を公開してもいいかな？」と聞くと、「ファンが喜ぶなら、ぜひそうしてください」と返事があった。兄のことを大事にしてくれるファンクラブの会員に写真を提供することで、兄と妹の存在を明確にしたかったのか、そこはよくわからない。少なくとも妹さんは、もしディー・ディーが生きていたら私に写真を送ってくることはなかっただろうし、私も妹さんの存在に興味をもたなかったかもしれない。私が「この写真、東京の皇居の近所のお堀だと思うよ」と伝えると、妹さんは「新しい情報だ」と嬉しそうにしていた。

ドイツからニューヨークに移ったディー・ディーには友達ができず、虐待とドラッグにまみれ、両親が離婚して家族はバラバラになった。そしてラモーンズのディー・ディー・ラモーンができあがった。

フォレストヒルズ高校の先生

こんなこともあった——。

2014年のある日、ラモーンズのオリジナルメンバー4人が在学していたフォレストヒルズ高校の音楽教師を名乗る男性からメールが届いた。そのメールに「ジョーイの弟とラトルズというバンドをやっていて、ベースを弾いていました」と書かれていたので私は興味をもった。ラモーンズの関係者が次々に亡くなっている現在、ジョーイやジョニーのことを知っているニューヨーカーと繋がるのは悪くない。ちょうどこの本を書き始めていたので、面白い話が聞けるかもしれないと思い、返信した。私に連絡してきた理由を探ると、翌週、ガールフレンドが東京マラソンに参加するのに合わせて来日するそうで、そのときに会えないか？　ということだった。東京に友達がいないから、知り合いでもないのにラモーンズ繋がりで案内してもらいたいんだなと思った。でも、メンバーの話が聞けるかもしれないのでオーケーした。

フォレストヒルズ高校の先生はジョーイの弟と同い年なので、年上のラモーンズのメンバーのことを詳しくは知らなかった。彼にとってラモーンズは、近所の友達の兄ちゃんのバンドだ。ジョーイの弟とバンドを組んでいた彼はジョーイの家には何度も行っているが、逆にジョーイが彼の家に来たことが一度あったという。先生はそのときのことを話してくれた。

「ジョーイは下を向いたまま、うちのリビングのソファーに座っていた。2時間はいたよ。すっかりしょげていたんだ。当時、ジョーイはクイーンズの地下鉄の駅でプラスチックの造花を売りさばいていた。それで得たカネでマリファナを買ったことが警察にバレて、ジョーイは家に帰りたくないからうちに来たんだ。僕の親が慰めて帰したけど、帰り際にジョーイは〝僕、捕まっちゃうのかな〟と、ぼそっと言ってたよ」

アメリカのティーンエイジャーが主役のドラマみたいな、かわいいエピソード。

ジョニーのことを聞くと、「怖いので近寄らないようにしていたけど、それでも一度殴られたことがある」と言っていた。ジョニーはフォレストヒルズあたりでは有名な悪ガキで、すぐ人を殴るので有名だったらしい。

この先生が待ち合わせに指定した場所が、私がいつもジョニーと待ち合わせをしていた新宿の旧センチュリー・ハイアットのロビーだったのでドキッとした。ラモーンズが来日しなくなってから私はこのロビーに用はなく、来日アーティストがこのホテルを利用することも減ったので仕事でも行くことはなかった。先生と会うため久しぶりにロビーに行くと、ホテルの1階にあったレストランで起きたちょっとした事件が頭に甦ってきた。

ある日、ラモーンズのメンバーと閉店ぎりぎりにそのレストランに入るとウエイターが舌打ちし、「ヤンキーが入ってきやがった」と呟いた。日本語だったので幸いメンバーは気づかなかったが、私は不愉快だった。店を出るとき、「客をヤンキー呼ばわりするなんて。そのヤンキーがあなたの給料を払ってるんだ」とアンケート用紙に殴り書きしてレジ横のご意見箱に入れた。その翌日、また同じレストランに行き、席に座るとすぐに店長と従業員たちが集まり、頭を下げて私に謝罪し始めた。それを見たジョニーが「何？　いったいどうしたんだ」と聞いたので私は店長に説明を求めた。店長が英語で説明するのを黙って聞いていたジョニーは最後に「わかった」とだけ言って許した。若いＣＪは「ユキ、グッジョブだよ」と興奮気味に言い、親指を私に突きつけてウインクした。そんなことを思い出した。

アートゥロ・ベガ

ラモーンズのファンでもアートゥロ・ベガの名前を知らない人はいるだろう。しかし、彼がデザインしたラモーンズの丸いロゴマークは世界中のロックファンが知っている。ラモーンズの現役時代はマーチャンダイズのデザインを担当した他、ステージのライティングスタッフとして最後までツアーに同行した。１９９1年のバルセ

ラモーンズ・ラストツアー大阪最終公演を終え、ハードロックカフェでパーティ。
左から著者、ジョーイ、アートゥロ（1995年11月2日撮影）

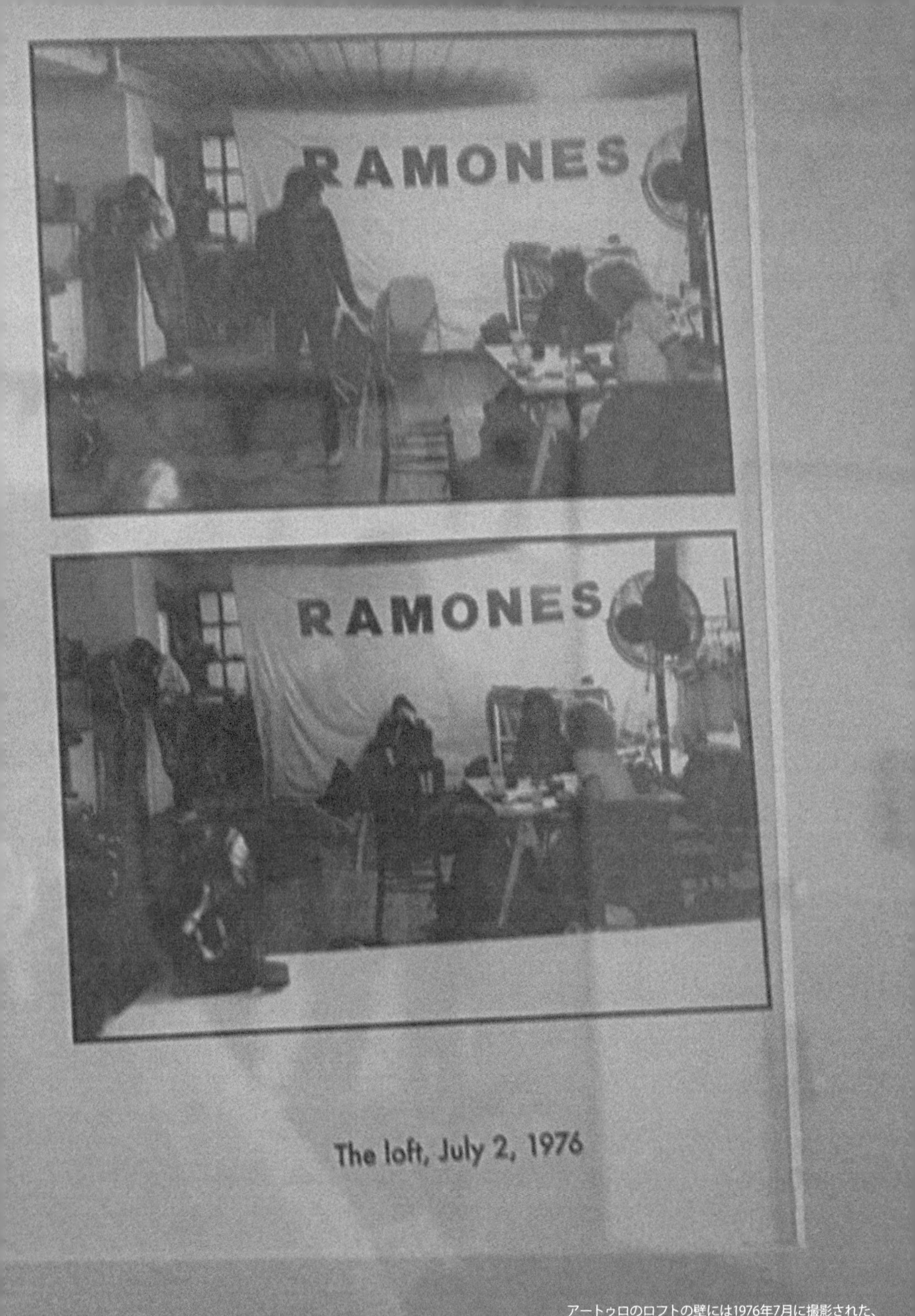

アートゥロのロフトの壁には1976年7月に撮影された、
このロフトでくつろぐラモーンズの写真が飾られていた

PARTY
79
MOKED
ONGUES

ロナ公演を収録したライヴ盤『ロコ・ライヴ』の裏ジャケの写真で見られる、赤、青、白のライティングもアートゥロがアメリカらしさを表現するために考えたものだ。

1975年、アートゥロのロフトでラモーンズのメンバーはサイアー・レコードの契約書にサインした。ジョーイもディー・ディーもクラブ通いしながら、よくアートゥロのロフトで寝泊まりした。そこはCBGBから1分足らず、ジョーイのアパートとも目と鼻の先のビルの2階にあった。

アートゥロは、ディー・ディーに初めて会った日のことをこんなふうに語っていた。

「ある日、ドアを開けっ放しにしてロフトで絵を描いていたら、かわいい男の子が立っていた。それがディー・ディーだったんだ。ディー・ディーは〝何をしてるの?〟と言って、ふらっと入ってきた。これがラモーンズのメンバーとの出会いだよ」

アートゥロは70年代にメキシコからひとりでニューヨークにやってきたアーティストで、絵を描いていた。ロフトにやってきたディー・ディーに誘われてCBGBにラモーンズのライヴを観に行ってすぐにファンになり、それからツアーに同行するスタッフになった。

ディー・ディーとアートゥロがしばらく一緒に住んでいたと聞いたとき、私は「やっぱりな……」と勘ぐった。アートゥロはゲイだったし、ディー・ディーは「53rd & 3rd」で歌われた世界を地で生きていたから。真相は定かじゃないけど、関係者は誰も否定しなかった。

私とアートゥロの関係は、ラモーンズが活動を終えてからスタートした。現役のときはメンバーと接している時間が長く、スタッフとは挨拶する程度であまり親しくなることはなかった。私はラストツアーではパンフレットの制作をプロモーターのスマッシュから任されていた。できあがったツアーパンフをメンバーやアートゥロに見せたとき、アートゥロは「ふーん」と言って、あまり嬉しそうな顔をしなかったので、自分以外の者がデザイ

左頁／上右：アートゥロのロフトの外観（2007年3月12日撮影）　6E 2nd St, New York, NY 10003
左頁／上左：ジョーイ、ディー・ディー、ジョニーの死後、アートゥロとラモーンズにまつわる場所を散歩中に53rd & 3rdの交差点にて（2005年12月28日撮影）　3rd Ave & E 53rd St, New York, NY 10022　左頁／下：1stアルバム『ラモーンズの激情』をモチーフにしたアートゥロの作品。アートゥロのロフトにて（2004年12月27日撮影）

E 53 ST
3 AV
ONE
duane reade
PHARMACY

RAMONES

ンをやるのが面白くないのかなと思った。アートゥロは神経質そうでナイーヴで、私よりもずっと女性的な感情をもち合わせていた。

イーグルロゴのデザインをアートゥロに依頼したのはジョニーだった。アメリカらしさとラモーンズらしさを表現したロゴというオーダーにアートゥロは見事に応えた。しかし、この永遠の秀作はその圧倒的な存在感のため、やがてアートゥロの手を離れていく……。

ラモーンズ解散後、アートゥロはラモーンズのTシャツやマーチャンダイズの通販を仕事にし、自分がもっているラモーンズの貴重な写真や情報をファンに提供しようと、ネット上でファンクラブを始める。私が見ても彼が適任だったし、そこに間違いがあるとは思えなかった。でも日本と違いアメリカではファンクラブはビジネスとして捉えられていて、当時、ブリトニー・スピアーズやバックストリート・ボーイズなどのファンクラブは音楽とは関係のない企業が運営していた。それはアメリカでは当たり前のスタイルで、私設ファンクラブは存在しない。だからアートゥロはビジネスマンの標的になった。ただの絵描きだったアートゥロはロゴを商標登録するなんて考えもしなかったし、ラモーンズのメンバーも誰ひとりとして、このロゴがひとり歩きしていくなんて予想しなかった。

ジョニーからファンクラブをやれと言われたころ、私はホテルのロビーでジョニーに会員証のラフスケッチを見せた。「日本だからイーグルに刀と桜をもたせて……」と言って、さらさらと描いて。ジョニーは「日本らしくていいな」と言って、その場で許諾をくれた。できたTシャツをメンバーやスタッフにあげると、みんな「ワォ、刀だ」と言って面白がり、喜んでいた。おおらかで平和な時代だったから「ロゴの権利」なんて台詞、一度も聞いたことはなかった。

１９９６年にラモーンズが解散すると、企業がイーグルロゴに注目するようになり、99年ごろ、ジョニーから手紙で指令が来た。

「公式という言葉を使うと訴訟問題になる可能性がある。日本のファンクラブは今日から英語でOFFICIALと書かないように。いまロゴの権利をめぐって、アートゥロが弁護士たちの標的になっている。お前は大丈夫だからアートゥロをサポートしてやってくれ」

アートゥロがつくったロゴはカネになる。だからビジネスマンの手に渡ってしまった。つくったのはアートゥロなのにロゴの使用禁止を言い渡され、マーチャンダイズの販売もできなくなった。私はニューヨークでアートゥロに会い、「あなたがつくったロゴなのに、どうして使用しちゃいけないの？　バンドに権利があるというなら、バンドに使用料を支払ってでも使うべきだと思う」と言ってみたけれどアートゥロは、「もうダメなんだ。いろんなルールを知らなかったんだ」と言い、ため息をついた。私は納得できず、ずっと怒っていた。

イーグルロゴの権利を剥奪された数年後、アートゥロは背中いっぱいにイーグルロゴのタトゥーを入れた。ロゴを彩るメンバーの名前のなかにARTYという自分の名前も彫っていた。私は驚き、そして悲しかった。彫ったばかりのときに見せてもらったから、まだ痕が赤くて痛々しく、「なんだかTシャツを着たままみたいに見えるよ」と笑って冗談を言うのが精一杯だった。タトゥーは作品を奪われたアートゥロの意地に見えた。ロゴはカッコよかったけど、彼の背中は寂しげだった。

「アートゥロをサポートしてやってくれ」というジョニーの手紙のあと、2001年にジョーイ、02年にディー・ディー、04年にジョニーが亡くなり、そんな日々のなかで私とアートゥロの関係は強くなっていった。ディー・ディーやCJの来日に同行したアートゥロは我が家に泊まり、朝は中野の街をランニングしてコンビニでヨーグルトを買って戻るという毎日を過ごしていた。私もニューヨークへ行くとアートゥロのロフトに泊めてもらい、ジョーイとよく行ったというブルーベリーパンケーキのカフェや、「チキンビンダルーを食べた」と「サムシング・

イーグルロゴのタトゥーを入れたアートゥロの背中。
アートゥロのロフトのキッチンにて（2007年3月12日撮影）

GOYA

トゥ・ドゥ」の歌詞にあるカレー屋にも連れていってもらった。彼は本当にラモーンズが大好きだった。ロゴの権利を失ってからも闘いながらラモーンズ展やアート展をやって充実しているようだった。しかし、そんなアートゥロもまた、2013年に癌が発見され、半年であっけなく逝った。ラモーンズの話ができるニューヨーカーがまたひとり消え、私はとり残された気がした。

フィルモアと決裂

『I Love RAMONES』にもモズライトギターの会社、フィルモアのことを書いたけど、実は2003年に私はフィルモアの社長夫妻と大喧嘩をして、ぷっつりと関係を断ってしまっていた。『I Love RAMONES』はジョニーのシグネチャーモデルを発売した直後に出版した本だったし、ジョニー・ラモーン・モデルのモズライト発売にまつわる顛末は書かなければならない大事なことだったので、そのとき行なった引退後唯一のフォトセッションのエピソードを中心に書いた。しかし書いているとき、私とフィルモアは音信不通で、本ができても社長夫妻に送りもしなかった。そのぐらい関係は冷えきっていた。この「事件」はジョニーがまだ生きていたときに起きてしまい、ジョニーからは何度となく「フィルモアと仲直りする気はないのか?」と言われていた。ジョニーは、私が頑固で融通が利かない奴だとよくわかっていた。でも私は、今回ばかりは間違っていないと思っていた。

原因はCJのベースを発売するという話が出たことだった。フィルモアはジョニーのギターを発売したあと、CJのベースを売り出したいと提案してきた。CJもラモーンズの現役時代にモズライトの創始者モズレー氏と会い、ベースを1本つくってもらっていたらしく、それがあるから現役時代に使っていなくても、使いたいならいいじゃないかというのが社長の見解だった。いまならそれも凄く理解ができる。遊佐典之社長はモズライトを本当に大事にしていたし、モズライトを大事にする人に対して寛大だったからだ。

でも当時の私は、ＣＪのベースがモズライトなんて論外だと考えていた。現役時代はファンも知っての通りプレシジョンベースを使っていて、モズライトは使っていない。それなのにＣＪラモーンのベースを発売するというのは、ただラモーンズのイメージを利用した金儲けという感じがして、全然乗り気ではなかった。社長のことをまだよく知らなかったし、23年間モズライトを使ったジョニーのギターをようやく発売することができたのに、これまで使っていなかったＣＪのモズライトベースを簡単に発売するなんて……。

それを社長に説明し、ジョニーにも手紙を書いた。ジョニーには「ＣＪのモズライトベースをいますぐに出したら、あなたの価値が下がる。23年も使ってようやくつくられたギターの価値がなくなる。ラモーンズのイメージがモズライトだからって、使っていないベーシストのベースを発売するなんて理解できないよ。あなたはどう思う？」と聞くと、「そうだなあ。いまじゃない」と返事があった。でも強くは否定していなかった。「いますぐに出すのは違う。お前の考えもわかる」という答えだった。社長は金儲けのためにモズライトベースをつくる人ではないことを、いまは理解している。でも当時の私は、ジョニーのギターが売れたから今度はＣＪなのか……と思い、がっかりした。

つくりたい社長とつくらせたくない私、そんな頑固者同士の話し合いはお互い譲らず、ついには喧嘩別れになった。それまでフィルモアとジョニーを繋いでいたのは私だったから、社長とジョニーとの意思の疎通に支障を来した。それで事あるごとにジョニーは手紙で「仲直りしないのか？」と聞いてきた。「しない」と答えると「じゃあ、今後は誰が彼らとコンタクトをとるんだ？」と聞くので、私は「もう、コンタクトをとる必要はないよ。ギターはつくってもらったから」と勝手な言い分で通した。

ヘヴィメタルのギタリストは皆、シグネチャーモデルをつくってもらっていた時代、パンクバンドのラモーンズはなかなかつくってもらえなかった。いつまでもベンチャーズモデルじゃないよと思っていたところ、23年目にしてやっとつくってもらえて私は満足した。きっかけは私じゃなかったけど、私がジョニーのギターをつくってと言わなければシグネチャーは実現しなかったんだから、もうやるべきことはやったと思っていた。

ＣＪモデルのベースは発売されなかったが、運命のいたずらが起きた。決裂の原因となった「ＣＪのベース」のことで、私は東京三鷹のフィルモア楽器に足を運ばなければならなくなってしまったのだ。

ベース盗難事件

２０１０年２月、ＣＪラモーンはインディーズのプロモーターの招聘で来日し、東京でライヴを行なった。事件は２日目、２月18日の終演後に起きた。高円寺のライヴハウスの機材置き場からＣＪのベースだけがケースごと盗まれてしまったのだ。

オープニングアクトの少年ナイフのメンバーとファンクラブのスタッフは夕食をともにするため、ＣＪたちの帰りをホテルのロビーで待っていた。いつもと違い、なかなかバンドが戻ってこない。「どうしたんだろうね」と言っていたそのとき（たぶん23時半ごろ）、ようやくホテルの前にバンが停まってＣＪたちが降りてきた。少年ナイフのメンバーと挨拶をするＣＪの後ろを歩いてきたマネージャーが、私を手招きして厳しい表情で耳打ちした。

「ＣＪのベースが盗まれた」

居酒屋の掘りごたつ風の横長のテーブルに座って、ＣＪは事件のことには一切触れず、少年ナイフのメンバーとラモーンズ時代の思い出話に花を咲かせていた。隣に座った私からはＣＪの表情がわからず、目の前に座ったマネージャーの顔をちらちら見ながら食事をした。事件のことが気がかりで何を口に入れても味がわからず、ただ流し込んでいた。プロモーターから詳しい情報を聞きたかったけど、警察の対応に追われているらしく会えなかった。明日のベースはどうかするのか、犯人は誰なのか――。自分はプロモーターではないけど、何かしなければならないと思っていた。マネージャーに耳打ちされたとき、「このことをＣＪは知っているの？」と尋ねると「知っている」と言っていた。そんなことをおくびにも出さないで少年ナイフのメンバーと談笑しているＣＪの振る舞いが立派に見えた。

深夜1時を過ぎたころ、少年ナイフのメンバーがホテルに戻っていくのを見届けた瞬間、ＣＪは私のほうを向き、吐き出すように言った。

「ベースが盗まれたんだ」

そして大きなため息をついた。私は何度も頷いて「知っている」と言うのが精一杯だった。ムードは一変して暗くなった。

機材置き場には誰でも出入りができ、見張りのスタッフがおらず、ファンがもっていった可能性もある――そんなことを聞いた。最近、機材や車の盗難が多発していると杉並警察署の警察官が言っていたそうだ。プロモーターはプロではなかったので「弁償します」と言ったきり落ち込んでしまい、明日のライヴのことなど相談できない状況だったとマネージャーから聞いた。ＣＪはうなだれていてかわいそうだった。一緒に落ち込んでるわけにもいかず、まず機材を調達することを考えた。「プレベとモズライトどっちがいい？」と聞くと、「ラモーンズの曲をやるんだからモズライト」と言った。それを聞いて、今回のツアーでラモーンズの音楽を継承したいというＣＪの意志を感じ、私はハッとした。モズライト＝ジョニーだから、そこは譲れないんだなと感じた。するとＣＪは突然、ジョニーの思い出と最近のラモーンズの扱われ方への不満を口にした。

「ラモーンズの良さは音楽じゃないか。それなのにみんな音楽のことを全然語らないで、権利やビジネスのことばかり話してる」

そして「ジョニーは俺がやっていることを、これでいいと思っているかな？」とぼそっと言うと、巻かれたままのおしぼりを目に当てて、声を出さずに泣いた。さらに目頭を押さえたまま絞り出すように言った。

「お前ならわかるだろう」

まわりに人がいなかったら私もＣＪと一緒に泣いたかもしれない。でも私は、男のくせに泣くなよと思いながら、ラモーンズ時代にジョニーに怒られてるＣＪの姿やいろんなことが頭に浮かび、自分がしっかりしなきゃと思った。これがジョニーだったら泣かないだろうなと思い、黙ってＣＪを見ていた。ＣＪは日本に来るまで誰かに気持ちを吐き出すこともなかったんだろう。それでも残ったメンバーのひとりとしてラモーンズの音を継承するためにモズライトを使っていたのだ。それがわかって私は決心した。明日の公演はなんとしてもモズライトのベースを用意しよう。私がモズライトの専門店フィルモアに行って土下座して「ベースを１本貸してください」とお願いしよう。

土下座

居酒屋から帰宅してファンクラブのサイトにニュースをアップした。ＣＪラモーンのベースが盗まれたらしいというニュースは、すでにインターネット上に溢れていたし、海外から問い合わせメールが届きだしたので、ファンクラブ・ジャパンのサイトでなんらかのアナウンスをする必要があった。

昼の12時には開店するフィルモアへ、私はどのツラ下げて行けばいいのかと思案していた。頑固者の気持ちは頑固者だからわかっている。お詫びのポイントがブレたら、土下座しようと何をしようと響かないだろうなと思っていた。しかも、ＣＪラモーンはモズライトのベースを使っていないという理由で社長と決裂したのだ。そんなことを考えていたら頭が冴えてしまい、一睡もできずに朝が来た。ＣＪには、「私が12時にフィルモアに行って説明するから、あなた午後1時に店に来て」と告げたけど、彼は私がフィルモアの社長夫妻と決裂していることを知らない。

店のある三鷹までは私の家がある中野からＪＲ中央線で15分弱。車窓を流れる景色に目をやりながら、土下座ってどうやってやるんだろう、仮に許してくれてもベースを貸してくれるだろうか、などと考えていた。とにかく全身全霊で謝罪しないと許してはくれないだろう、私と同じぐらいこだわりをもっている人だから。それでも他の誰かに借りるのではなくフィルモアに行こうと決めていた。「ラモーンズの曲をやるんだからモズライト」というＣＪの言葉が頭にこびりついていた。それはジョニーへの敬意とも思えたから、そうなるとモズライト一筋のフィルモアに行く以外考えられなかった。

映画やドラマのイメージ通り、お店に着いたらすぐに地面に頭をつけて謝ろうと思っていた。土下座に抵抗はなかったけど、「出ていけ」と言われ、「ＣＪのベースが盗まれたので貸してください！」と叫んで、すぐに次の手を打たねばならないと、寝不足の頭で考えていた。三鷹駅で電車を降り、とにかく土下座して謝罪しようとフィルモアに向かった。

まだ店のシャッターが閉まっていたので外で待つことにした。しばらくすると社長夫妻が車で店の前に乗りつけた。社長は車内から、なんで私がいるのかと不思議そうな顔をして見ている。私はバツが悪かったが、社長と奥さんが車から降りた瞬間、「突然すみません！　聞いてほしい話があるんです」と大声で言った。私の目から涙がぼろぼろとこぼれた。そして土下座をしようとしゃがむと、「な、何？　どうしたのよ。いいからちょっと、なかに入りなさい」と奥さんが制して店のシャッターを開けた。私は店のなかに入ると涙を流したまま、また大声で言った。

「いまＣＪが来日しているんです。前に社長がプロットでつくってくれたモズライトベースを使っていたんですけど、夕べ、そのベースを盗まれてしまったんです。だから図々しいのは百も承知でお願いに来ました。今夜の公演のためにベースを貸してください。モズライトのベースじゃないと嫌だと本人が言うんです。本当にすみません。すみません。すみません！」

頭を下げて何度も謝った。こんなに止まらないものかというぐらい涙が流れた。迷惑だったと思う。でも、社長は静かに言った。

「あの白いベースをずっと使ってくれてたのか……」

奥さんが続けた。

「あなたが泣いてるんだから、よっぽどのことだというのはわかったわよ」

奥さんの目にも涙がたまっていた。「あなたと別れちゃってからジョニーさんが死んじゃって、私は気持ちのもっていきどころがなかったのよ。あなたが書いた本も買って読んだけど、ちゃんとうちのギターのことも書いてくれていたし、ジョニーさんを私たちに紹介してくれたのはあなたなのに繋ぐものが何もなくなって……ずっと心のどっかにあなたのことがあって気になっていたのよ。ジョニーさん、あなたのこと何度も言ってたわよ。〝あんな奴だけど悪い奴じゃないんだ、許してやってくれ〟って」

ジョニーが私のことをそんなふうに言っていたなんて……。言葉がなかった。この短い時間で私はいろんな人の心に触れ、店に入れてもらえた安堵感もあり、抜け殻のようになってしまった。

それでもなんとか社長に事件の顛末を説明し、ＣＪの想いを伝えた。

「ジョニーが死んじゃって、ＣＪはモズライトを使うことを決めました。今夜もモズライトを弾きたいって言うんです。それで失礼なのは百も承知でここに来ました。盗まれたのもここでつくってもらったベースだから」

黙って聞いていた社長がひとこと、「わかった」と言った。

1時になり、ＣＪがマネージャーとやってきた。ＣＪの顔面は蒼白だった。

社長は店の奥からシルバーのベースを出してきた。そして言った。

「もっていきなさい」

社長の言葉の意味がわからず私とＣＪは目を合わせた。「明日の昼に返しにきます」と私が言うと社長が続けた。

「アメリカにもっていきなさい。このベースもいい音が出る。今日からこれでまたラモーンズを弾けばいい」

その言葉を聞いた瞬間、私の目からまた涙がこぼれ、あとは何も覚えていない。

その夜、渋谷のライヴハウスで行なわれた最終公演に、ラモーンズを80年代から招聘し、ツアーをケアしてきたスマッシュの小川さんが来てくれた。小川さんは入り口で買ったＣＪのＴシャツを着てライヴを観ていた。終演後、楽屋でＣＪと再会した小川さんは私に、「20歳ぐらいの兄ちゃんだったのに、歳とったなぁ」と言って笑っていた。

盗まれたベースはいまだに戻らない。海外のオークションサイトにも出品されないから、日本のどこかにあるんだろうか。

日スポーツ　2010年（平成22年）2月22日（月曜日）　（第3種郵便物認可）

伝説的パンクバンド 18日の日本ツアーでなくなる

元ラモーンズCJさん ベース返して!!

米国の伝説的パンクバンド「ラモーンズ」の元メンバー、CJラモーンさん(44)がソロプロジェクトでの来日ツアーで、愛用のベースギターを紛失した。ベースは、伝統あるブランド「モズライト」の逸品で、「世界で1本しかない貴重な特注品」という。CJさんは「どうか戻って」と訴えている。（石井知明）

数十万円の値

ギタリストとドラマーとのトリオで来日し、東京で2月17日から3夜連続のライブを行ったCJさん。紛失は18日、高円寺のライブハウスで起きた。

「1、2、3、4！」「ヘイ、ホー、レッツゴー！」。定番の掛け声を織り交ぜてラモーンズの代表曲を披露し、満員の観客を熱狂させた。ライブは大成功。だが終演の約1時間後、ステージ脇の通路から機材を搬出していたスタッフが、ベースがハードケースごとなくなっているのに気付いた。盗まれた可能性があるので警視庁杉並署に被害届を出したが、まだ見つかっていない。

ベースの機種は「モズライト」。ベンチャーズや加山雄三さん、寺内タケシさんのギターでおなじみ、エレキ世代に人気のブランドだ。ラモーンズもそのパワフルな音を好み、CJさんはラモーンズ解散後の01年ごろ、初めて専用モデルを特注。1994年に倒産した米国モズライト社の楽器の輸入販売・製造を手掛けるフィルモア（東京都武蔵野市）がシリアルナンバー入りでつくった。

寺内タケシさんも愛用「モズライト」

「世界で一本しかない特注品」

フィルモアの遊佐典之社長(63)は「ショックです。数十万円の値がつくかもしれないが、モズライトのベース自体珍しいので、楽器屋に持ち込まれたらすぐにわかる。（特注品だと）知らずに誰かが盗んだのでなければ、売るつもりがないマニアの計画的な犯行かもしれない」と推理する。

相談を受けて、遊佐社長は自らのモズライトコレクションからシルバーのベースを選び、「CJ001」と刻印を入れてプレゼント。そのベースで19日のライブを乗り切ったCJさんは「日本のみんなのサポートのおかげだ」と感謝した。

ラモーンズ時代から「日本のファンは世界中のどの国よりも、ラモーンズをリスペクトしてくれる。こんなことがあっても、特別な場所だという気持ちは変わらないよ」。だが、なくなった愛用のベースをあきらめたわけではない。日本のファンクラブもCJさんのために捜し続ける。「世界に1つだけの大切なものなんだ。持ち出した人には、君ができる唯一のいいことはベースを返すことだ、と言いたい」。CJさんの思いは届くだろうか。

CJラモーンさんと、なくなったモズライトのベース。白いボディー、ヘッド部分の「CJ Ramone」というプリント、指板部分のシリアルナンバー「000CJ」が目印＝東京都武蔵野市のフィルモアで　㊨ベースがなくなった翌日のライブで新しいベースを手にするCJラモーンさん＝東京都渋谷区で

ファンクラブ「情報寄せて」

ラモーンズ・ファンクラブ・ジャパン（メールアドレス ramonesfcj@yahoo.co.jp）では、盗まれたベースについて情報提供を呼び掛けている。

ベースのボディーは白で、丸いステッカー（赤・黄・緑の3色）が1つ張ってある。ピックガードと呼ばれる板状の部分は黒。先端部のヘッドに「Mosrite CJ Ramone」とプリントがあり、指板のボディー側にシリアルナンバー「000CJ」が刻印されている。ハードケースは黒。

◆ラモーンズ　ニューヨークで結成され、1976年に全米デビューしたパンクバンド。シンプルでキャッチーな曲調と皮肉めいたユーモアのある歌詞で人気になり、96年の解散までに21枚のアルバムを残した。CJさんは89年加入。02年にロックの殿堂入りを果たし、03年にはU2やグリーン・デイ、キッスなど大物によるトリビュートアルバムも出された。

右頁／上：東京三鷹のフィルモア楽器店内のCJラモーンと遊佐典之社長。ベース盗難後、すべての公演が終わってからお礼に行った（2010年2月20日撮影）　右頁／下：ベース盗難4日後（2010年2月22日）の東京中日スポーツ
左頁：日本を離れる前にファンに向けてメッセージを書くCJ（2010年2月20日撮影）

RAMONE

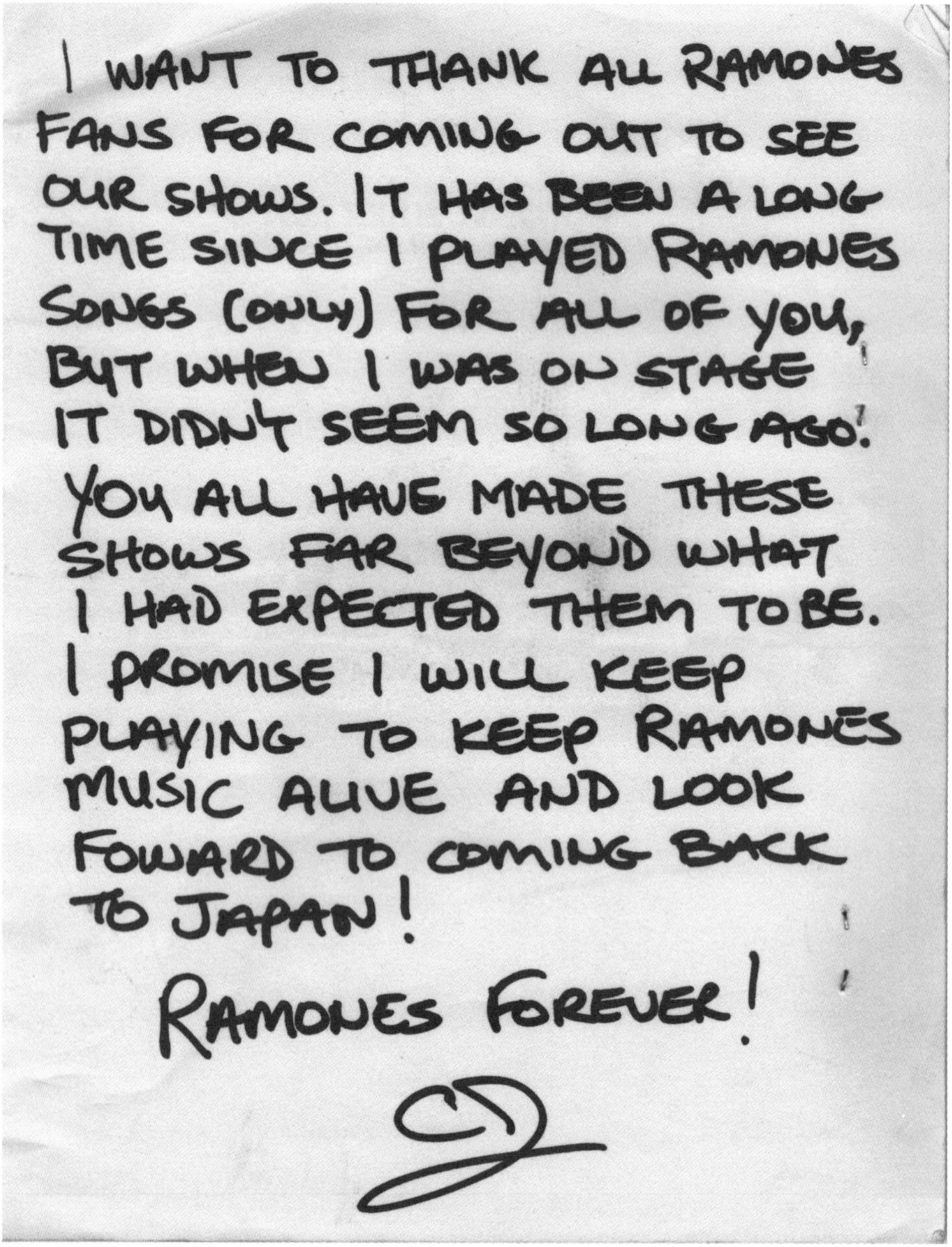

I WANT TO THANK ALL RAMONES FANS FOR COMING OUT TO SEE OUR SHOWS. IT HAS BEEN A LONG TIME SINCE I PLAYED RAMONES SONGS (ONLY) FOR ALL OF YOU, BUT WHEN I WAS ON STAGE IT DIDN'T SEEM SO LONG AGO. YOU ALL HAVE MADE THESE SHOWS FAR BEYOND WHAT I HAD EXPECTED THEM TO BE. I PROMISE I WILL KEEP PLAYING TO KEEP RAMONES MUSIC ALIVE AND LOOK FOWARD TO COMING BACK TO JAPAN!

RAMONES FOREVER!

CJ

CJのメッセージ「俺はショウに来てくれたすべてのラモーンズファンに感謝している。初めてラモーンズの曲をプレイして以来、とても長い時間がたっている。本当に久しぶりのことなんだ。ラモーンズで来日していた日本公演はずいぶん昔に感じるよ。俺たちが予想していたものを超えるショウを日本のファンがつくってくれた。ラモーンズの曲がずっと生きるように演奏を続け、また日本に戻ってきたいと思う。約束するよ。ラモーンズ・フォーエバー！CJ」

事件の後遺症

盗難事件はファンの心にも傷を残した。ＣＪの帰国後、２０１１年に入ってからもしばらく、「ベースはもう見つかったんでしょうか？」「手がかりはあるんですか？」というメッセージがファンから届いた。日本でこんなことが起きてしまって申し訳ないという心情が文面から読みとれた。そうしたメッセージをファンクラブに送ることで、ため息をつきたくなる気持ちを解放しているようにも思えた。盗まれたベースの情報を求めるチラシをつくってロックバーやギターショップなどに張ってもらった。ＳＮＳでも拡散され、たくさんのロックファンが気にかけてくれたことをＣＪもわかっていて、「このアクションに感謝している」というメッセージをくれた。

自宅の近所にある高円寺のライヴハウスで起きたことだったから、私は自転車で街を走っているときに骨董品屋さんの店先にギターやベースが飾ってあるのを目にすると、思わず自転車を降りてＣＪのベースがないか確認した。いつまでも事件が忘れられず、すっきりしなかった。

ベースはいまも見つかっていない。この事件にまつわる一連の出来事で唯一ポジティヴに捉えられるのは、「ラモーンズはモズライトだから」というＣＪの真摯な気持ちを知ることができたことだ。

私は意気消沈した状態から這いあがりたかった。そしてファンが少しでもハッピーになるようなことはないか、楽しいことで上書きするには何をしたらいいかを考えてばかりいた。

そんなある日、ＣＪからメールが届いた。そこにはモヤモヤを吹き飛ばすビッグニュースが書いてあった。

「来年のフジロックでプレイすることが決まったよ！」

私は飛びあがって喜び、仕事中の旦那の会社に電話をしてしまった。

フジロック

フジロック出演決定はニュース速報にしたいぐらいだったけど、情報解禁までは半年以上あったので我慢した。ふつうのバンドがラインナップに名前が挙がるのとは明らかに違った。プロモーターはスマッシュだったし、フジロックはラモーンズが引退した次の年（1997年）からスタートしたフェスティバルだったからだ。ジョニーと私との文通のなかで「あと1年やっていたら、フジロックにはきっと出れたのに……」というやりとりが何度もあった。私はラモーンズに、フジロックに出演してほしかったから。

私はカメラマンとしてフジロックを第1回から撮影していたので、歴史がつくられていくフェスの渦中にいた。ジョーイが亡くなった2001年のフジロックには、アートゥロ・ベガがラモーンズのライヴで使用していたバックドロップをもって来日した。グリーンステージという一番大きなステージでメモリアルの言葉と関係者からのメッセージが読みあげられ、フジロックにようやくラモーンズの名前が刻まれた。スマッシュがフジロックのステージでラモーンズへのリスペクトを示してくれたことが本当に嬉しかった。アートゥロ・ベガは成田からニューヨークに戻る途中、LAのジョニーの家に寄ってジョニーにフジロックのことを伝えた。アートゥロは私宛のメールでそのことを嬉しそうに書いていた。ジョニーからも「アートゥロは東京をとても楽しんだし、フジロックのことも聞いた」と手紙が来た。スマッシュのリスペクトの表明は他のメンバーにも伝わった。

だから、そのフジロックへの末っ子ラモーンのCJの出演は、ジョーイやジョニーが果たせなかったことを実現したという意味でも嬉しかった。フィルモアでいただいたシルバーのベース。そのベースでプレイした最終公演を観に来てくれたのがラモーンズ公演を担当していたスマッシュの小川さん。フジロックへの出演は、ラモーンズの歴史に関わってきた人の繋がりで現実のものとなった。日本で盗難事件が起きたけど、歴史ある日本のロックフェスに出演する。事件をリセットできるチャンスと、ラモーンズの代表として苗場に種を蒔くチャンスをCJは手にしたのだ。

ラモーンズを継ぐ者

「CJはどのステージに立つんだろう。ホワイトステージかな」とファンのあいだで徐々に話題になっていた。そしてタイムテーブルとステージがアナウンスされると、CJのステージはなんとグリーンステージだった。大舞台だ。CJに「グリーンステージに出演するんだね、おめでとう」とメールすると、「3人のぶんも頑張らなきゃ」と喜んでいた。

ファンは狂喜し、「苗場へ行こう!」と夏に向けて気持ちは盛りあがった。盗難事件の忌々しさを払拭するにはもってこいのイベントがアナウンスされ、胸のつかえが少しとれた。

最近のファンは20代、30代が多く、「ピンヘッド」でのGABBA GABBA HEYの掛け声をやったことがないとCJに伝えると、フジロックで「ピンヘッド」をやるという。そして、「でも、ステージに看板をもって出るピンヘッドがいないから、ユキがやってよ」と言った。

「えっ、私がやるの?」と驚くと「本物を見てきて、できる人が他に誰かいる?」と言われ、私がGABBA GABBA HEYの看板をもって苗場のグリーンステージに上がることになった。仕事でフジロックのグリーンステージを撮影してきたので、私はグリーンステージの歴史と風格を理解していた。だからCJに言われた瞬間、歴代のヘッドライナーたちの姿が頭をよぎって恐縮し、少しビビった。CJはこんなことも言っていた。

「いろんなミュージシャンがいつかフジロックのステージに立ちたいって言うのを聞いてたから、それが簡単なことじゃないってのはわかってる。そのフェスティバルに出演できてメインステージに自分が立たせてもらえるのはジョーイやジョニーやディー・ディーが道をつくってくれたからなんだ。それを忘れないようにして歌うよ」

ステージまわりをサポートしてくれるローディーを雇ってほしいというCJの要望があり、それを広島のバンドでラモーンズのセットに長けている早朝ピストンズのドラマー、ナス・ラモーン君にお願いした。彼自身がラモーンズの曲をプレイしていたし、映像でマーキーのドラムセットの研究もしていたほど熱心だったから。こうやってサポート陣を固めて7月が来るのを待った。自閉症の我が子のそばにいたいからと音楽活動から一度は退いたCJが、ジョーイやジョニーの死を経て、2010年に「ラモーンズの良さはロゴじゃなくて音楽だってことを伝えなければ」と立ちあがった。

CJはカネじゃなく、気持ちでラモーンズの曲を演奏したいと思っていた。ラモーンズのメンバーであることの責任を果たさねばという気持ちがそのころとても強く、ひとりで頑張っていたけど、真面目すぎて大丈夫かなと思うこともあった。CJの意気込みを正しく理解している人が、もう周囲にほとんどいなかった。だから盗難事件の起きた夜、「お前ならわかるだろう」と私に言ったのだろう。その言葉には、イメージだけがひとり歩きするラモーンズというバンドの状況に対するやるせない思いが滲んでいた。何十年もツアーを続け、ラモーンズを統率してきたジョニーの苦労がやっとCJにも理解できていたんだと思う。22歳でバンドに加入したCJ、様々なことを教えてもらい経験できたのはラモーンズのおかげだ。

ラモーンズは、終わってから評価されだしたバンドだ。だから現役時代を知っているCJには、こつこつとキャリアを積みあげてきたバンドが曲やライヴ以外で評価され、大きくなっていくことに違和感があったのだろう。

私もＣＪもラモーンズを正しく伝えたいと、まるで何かにとり憑かれたように思っている。それはたぶんジョニーがいつもバンドに対して本気だったから、私たちに伝わったのだ。

スリー・エンジェルス

半年後に迫るフジロック出演の前にニューアルバムをリリースしようという話になり、ＣＪとは毎日メールでやりとりをしていた。でもＣＤが売れない時代になってしまい、レコード会社を探すのが大変だった。それでもリリースを絶対に諦めたくないという思いから、ポップパンクのレーベルのＤＵＭＢレコーズに依頼し、日本盤を急ピッチでつくることになった。アメリカではクラウドファンディングで賛同者から出資を募ってＣＤをつくるのが主流になっていたし、ＣＪにはそれを後押ししてくれるモズライトＵＳＡの社長の存在もあり、日本盤のリリースはうまく進んだ。でも国内流通に乗せるには法人登録をしなければならないなど、問題が山積みだったので、ファンクラブのオンラインストアで販売することにした。

このアルバムには大事な曲が入っていた。ジョーイ、ジョニー、ディー・ディーのことを書いた「スリー・エンジェルス」というタイトルの曲で、歌詞を最初に読んだとき、本当にＣＪが書いたのかな？　と思うほどメンバーのキャラクター表現や台詞がリアルで驚いた。

「ラモーンズのメンバーはコミックのキャラクターみたいだとみんな言うけれど、実際の３人は人間的で素晴らしかったんだ。そんな彼らに感謝の気持ちを表したい」と、のちにインタビューで答えていた。

ＣＪは私に「スリー・エンジェルス」は子供を学校に送った帰りにできた曲だと言った。

「歌詞と曲が突然、さっと上から降ってきた。そんなこと普段はないんだけど。驚いて車を停め、ダッシュボードから紙を出して慌てて書きとめ、そのまま家に帰ってすぐに曲にした」

ＣＪは興奮気味に説明してくれた。スピリチュアルな出来事として捉えているみたいだった。それでもいいと思う。フジロックで歌うことが決まったＣＪのために、ジョニーやジョーイ、ディー・ディーが曲を提供してくれたんだと思いたい。そんな話は誰も信じないからインタビューでは「感謝の気持ちを表したい」と発言しているのだろう。それもきっと本心だ。

ニューアルバム『レコンキスタ』は２０１３年7月に日本盤が完成し、ファンに届けることができた。「〝人生はタフだ。誰も助けてはくれない。足元を救われないようにしっかり見届けろ〟とジョニーが言った」という歌詞には、本当にジョニーが言いそうな言葉そのままのリアリティがある。ＣＪがジョニーのことを理解している証だったし、実際にそう言われたことがあったのかもしれない。何より、現在のＣＪの心に響く言葉だったのだろう。年齢を重ねたいまだからこそ理解できたのだ。

１９９０年9月にＣＪと最初に成田で会ったとき、私は彼との握手を拒否した。ＣＪをディー・ディーの後継者として認めていなかったから。でもいま、私とＣＪは思い出をシェアできる同志になっている。

GABBA GABBA HEYの看板

7月に苗場に行って、GABBA GABBA HEYの看板を挙げよう――。そんなファンのメッセージが、ＳＮＳを飛び交っていた。

ラモーンズのライヴでは終盤に「ピンヘッド」を必ずやっていた。当時のステージではドラムクルーがピンヘッド役をやるのが暗黙のルールだったので、クルーが交代すると初心者のピンヘッドの動きはぎこちなかった。ピンヘッドはジョーイに看板を渡したらぴょんぴょん飛び跳ね、ジョーイは歌わずに拳を右へ左へと突き出し、観客はGABBA GABBA HEYの大合唱をするのがお決まりだった。あの曲のジョーイはパンクのキングらしくてカッコよかった。ファンを先導するリーダーに見えた。

私は1988年の中野サンプラザ公演に看板をもち込んだものの警備員にとられてしまい、仕方なく着ていたTシャツにメッセージを落書きした。90年代の来日公演でもGABBA GABBA HEYの看板をつくってくるファンはレアな存在で、いてもぜいぜい2、3組。それでも海外のファンに驚かれていた。アメリカはもとよりヨーロッパにも看板を挙げるファンはまずいなかったから。

今回のフジロックでは、わざわざつくった看板を苗場までもっていったのに入り口で没収されたらかわいそうだと思い、スマッシュの小川さんに看板をもち込んでもいいかどうかを聞いてみた。小川さんは「規定のサイズならいいですよ。隣の人にぶつけてケガをさせないような布や紙のほうがいい」と返事をくれた。GABBA GABBA HEYの看板を何度も会場で見てきた人だから話が早い。小川さんはいつもラモーンズファンに優しくて、ダメと言われたことは一度もなかった。

ピンヘッドをやることになった私はこれまで何百回と聴いているであろう「ピンヘッド」をあらためて聴きながら看板を挙げる練習をしてみたが、いざステージに歩いていく曲間になると緊張してしまい、失敗してばかり。マスクは通販で買おうとしたけど見つけられなかったので新宿のドンキホーテに行ってフジロックにちなんだ富士山のかぶりものを買い、自分でつくった赤い水玉の衣装とカメラと一緒に車に積んだ。

ルーティーンワーク

２０１３年7月26日金曜日、フジロック初日の苗場は小雨が降っていた。パンクロックが好きそうなファンがグリーンステージの前に続々と集まってくる光景を目にしながら、私は嬉しくて仕方がなかった。今日は大好きなラモーンズの曲がこんなに大きなフェスで鳴り響くのだ。ＣＪひとりになったけど。他のバンドがカバーしたラモーンズでもＢＧＭで流れるＣＤの音でもなく、ちゃんとメンバーがステージで演奏する。それだけでこんなにワクワクするなんて思ってもみなかった。存在しないバンドのファンにとって、それは簡単に叶うことではなかったから。この年のフジロックは私にとって本当に特別な体験になった。

ＣＪはフィルモアの社長にいただいたシルバーのモズライトベースをもってきていた。グリーンステージ裏の楽屋でケースを開けたとき、「このベースをもってきたんだね」と言うと、「これはいいことが詰まっているラッキーなベースだろう？　だからフジロックにふさわしいと思って」と言った。そしてヘッドホンをつけ、ブンブン鳴らしてリハーサルを始めた。ラモーンズはいつも楽屋でアンプに繋がず、「せーの！」で音合わせをしていた。あのリハのスタイルをひとりで黙々とやっていた。

私はラモーンズの楽屋で、メンバーになったばかりのＣＪを見ていた。１９９０年の日本公演の初の音合わせのときは、緊張した面持ちでジョニーやマーキーの顔を見つめながら間違えないようにベースを弾いていた。あれから20年以上たち、一緒に音合わせをするメンバーがいなくなっても、ＣＪはひとり楽屋でベースを弾いている。しばらくしてヘッドホンを外したので私が「どの曲を聴いてるの?」と聞くと、「ランダム」と答えた。そして「ヘッドホンをしてベースを弾けば、ジョニーやマーキーと楽屋でリハーサルしているような気持ちになれ

左頁：フジロックフェスティバル'13の控え室でリハーサルをするCJ（2013年7月26日撮影）

るんだ。だからこれをつけて弾くのさ」と言った。そんな気持ちでヘッドホンをしていたとは……。私は目頭が熱くなったことを悟られないように楽屋を出た。

ひとりであのころのルーティーンワークを続けている姿に、ラモーンズの曲を伝えていきたいというＣＪの気持ちは本物なんだと確信した。ジョニーやジョーイが築きあげたキャリアをＣＪがきちんと受け継いでいることを目の前で確認でき、私は感動していた。

楽屋を出てステージ前のフォトピットに行くと、ラモーンズファンクラブの会員たちが緊張した顔で始まるのを待っていた。初めてのフェスティバル、初めてのフジロックだ。楽屋ではＣＪの本気を感じ、ステージ前ではドキドキしながら待ちきれない様子のファンの気持ちを感じて、ついにこの日が来たなと思った。真夏なのに革ジャンを着て、手には看板を隠しもっている――。そんなファンの気合いが頼もしかった。

ワン・ツー・スリー・フォー

いよいよＣＪラモーン・バンドのセットがグリーンステージに用意された。楽屋のＣＪは緊張しているようだったので私は声をかけず、フォトピットで撮影の準備をしていた。ラモーンズファンがたくさんいる苗場は最高。地元の友達が久しぶりに集まった夏祭り的な気分とでもいうか、気持ちをシェアしている仲間だらけ。みんな私と同じように期待と緊張が入り混じった顔をしていた。私にとっては凄く居心地のいいフォトピットだった。

ＣＪのカウント「ワン・ツー・スリー・フォー」で演奏が始まった。

私はピンヘッドの準備があったのでカメラマンテントにカメラを置き、ステージ裏に走った。衣装に着替えて看板をもつとドキドキしたが、神聖なラモーンズのステージにあがってピンヘッドをやることの重みを意識した瞬間、ピリッとした。プレイのミスに厳しかったジョニーの姿が思い出され、楽しもうなんて気分は皆無だった。

ステージに出て飛び跳ね、さっさと去るという本物のピンヘッドと同じアクションをやるぞと決めていた。私が見てきたピンヘッドは観客に愛想をふりまくことはない。

決意はしたものの、やっぱりグリーンステージの袖に行くと緊張し、CJのマネージャーが肩を叩いて「ギターのリフが8回終わってからだぞ」と言ったけど、そんなことわかっているから話しかけないでと思っていた。でも、ラモーンズは似たようなフレーズばかり続くから頭が混乱し、もしラモーンズのライヴで私がピンヘッドをやって失敗したら、あとから楽屋で仁王立ちのジョニーに怒られるんだろうなぁと想像して気持ちが引き締まった。そして「イチ、ニ」と数え、7回目のフレーズが終わったときのマネージャーの「ゴー」の合図と同時に看板をもって飛び出した。両手を交互に振りあげてジャンプ。グリーンステージのど真ん中から見た苗場は緑が広がっていてとてもきれいだった。そして物凄い数のGABBA GABBA HEYの看板が目の前にあった。ファンが本当に楽しそうな笑顔で看板を挙げていて感動した。あぁ、ジョーイはこんな幸せそうなファンの顔を毎回ステージから見ていたんだな——。そう思った。20秒ほどでステージ袖に戻り、「緊張したぁ」と言って看板を置くと、ラモーンズ時代からの舞台監督のサーシャが「ご苦労さん」と言ってくれてホッとする。

終演後、楽屋に行くと、今回のツアーメンバー、ソーシャル・ディストーションのギターのジョニー・ウィッカーシャムが汗だくのまま、「CJは緊張しすぎて2曲も飛ばしたんだ」と私に話しかけ、CJは苦笑いした。そして「緊張で頭が真っ白になっちゃった」と、アルゼンチンの7万人集客のサッカースタジアムでプレイしたバンドのメンバーとは思えない台詞を吐き、やっと安堵した表情になった。やっぱりCJは末っ子ラモーンだった。

フジロックフェスティバル'13グリーンステージ（2013年7月26日撮影）

GABBA
GABBA
HEY
CJ RAMONE
AMERICA

GABBA
GABBA
HEY
GABBA
GABBA
HEY
GABBA
GABBA
HEY

ジョニーイズム

２０１０年にダニエル・レイたちと来日したあたりから、ラモーンズに対するＣＪの気持ちは変化していた。

「ファンにわかってもらいたい。自分がまたラモーンズの音楽を演奏するのは、それでお金を儲けられるとか、有名になれるからということではない。ラモーンズが残してくれた多くの遺産（曲）に尊敬の念をもち、継承したいからプレイしている。俺もみんなと同じようにラモーンズのファンなんだよ。ラモーンズに抱いている尊敬や愛情は同じなのさ。ジョニーは〝ファンをガッカリさせるな〟と常に言っていた。だからファンの前で話したり演奏を続けたりして自分の想いを理解してもらうのはとても大事なことなんだ」

この言葉を聞いて、私はＣＪがミュージシャンを続ける限り、彼をサポートしていこう、そうすることがファンクラブの使命だと思った。ジョーイ、ディー・ディー、そしてジョニーが亡くなった。身体はなくなってしまっても、バンドが貫いたラモーンズのルールは、のちになって私やＣＪの心にじわじわと響いてきた。

私はファンクラブの運営で決断を迫られたとき、ジョニーだったらどう考えるだろう。どんな指示を出すだろうと常に考えた。ＣＪはラモーンズで一番下っ端だったし、私は鬼軍曹ジョニーの指示を仰いで走りまわる忠実なファン。それでもあのころ、あの場にいて体で感じていたことが、私やＣＪの心にしみついていたと思う。

「お前にとって、そいつが敵か味方を嗅ぎ分けろよ」と私はジョニーに言われたことがある。ストレートで厳しい言葉だけど、鬼軍曹ジョニーが言うのだから、仕事で失敗しないための叱咤なんだ、悪いビジネスマンに騙されるなってことなんだと当時は捉えていた。

でもいまは少し違う。ジョニーが危なっかしい私やまだ20代だったＣＪに、「将来、誰かに騙されたり、失敗して傷ついたりすることがないように」と先まわりして言ってくれた言葉だと思えるようになった。ジョーイには柔らかい眼差しや包み込むような声、そばにいてくれるだけで安らぐような存在感がある。ジョニーはあのチェーンソーのように攻撃的なダウンピッキングのイメージそのままで、優しさを表に出す人ではなかった。でも、素っ気ない言葉のなかに私たちを正しい方向に向かわせるヒントがあったように思う。私もCJもジョニーの言葉をそんなふうに捉えられる年齢になったということかもしれない。このころからCJは、ドキッとするほど、まるでジョニーが言いそうな台詞を口にするようになった。「ジョニーが乗り移ったみたい」と私はCJに何度も言った。

ラモーンズを牽引していたジョニーの言葉の本質が、亡くなってからようやくわかるようになった。「バンド活動はファンのため」がジョニーの口癖で、それを揺るがすような行動や演奏があるとCJもマーキーも、そしてローディーやツアーマネージャーのモンテですら怒鳴られた。毎日楽屋で100枚近いポスターやツアーパンフにサインしていた。「大変だね」と声をかけても、「何が大変なんだ。これが俺の仕事だ」と言われた。レコードショップでファンに見つかりサインの行列ができても、「時間が来るまでサインをするから、お前は時計を見てろ」と言われたし、風邪をひいて体調が悪くてもラモーンでいるときは、けっしてつらそうな顔を見せなかった。亡くなる3日前に「演奏を中断するな」とロブ・ゾンビに電話で伝えたというエピソードは映画『エンド・オブ・ザ・センチュリー』でも紹介されている。

そんなジョニーイズムは私の頭に刷り込まれた。地味なルーティーンワークこそ、ジョニーが見せてくれた仕事への姿勢だった。まるでアニメのキャラクターと言われたのは、ビジュアルもさることながら、自分で定めたルールに従って生きたからだ。それはすべてファンを落胆させないため。怒鳴られた側は不愉快なこともあったはず。でもこれが私やCJがそばで見てきたジョニーイズムなのだ。ジョニーイズムとは大切なことに対して自

Marshall
Marshall

分でルールを決めること。自信と信念をもって自分で決めたルールをやり遂げること。

マーキーの苦悩

そんなCJと真逆の活動をしていたのがドラマーのマーキーだった。ラモーンズ引退後、ソロで一番精力的に動いていたマーキーは、とくにビジネスに関してはなかなかのやり手だった。オリジナルのパスタソースやコンドームを売り出し、車でイタリアンジェラートを移動販売していたこともある。そしてトミー・ヒルフィガーとのコラボでジーンズやTシャツをリリースし、宣伝のため来日。ラジオ番組のパーソナリティもこなし、クラウドファンディングで書籍やドラムレッスンのDVDをリリースするなど、活動は多岐にわたっていた。本業の音楽ではアンドリューW.K.とタッグを組み、南米やヨーロッパはもちろん、ラモーンズが行ったことのないロシアもツアーした。『ロケット・トゥ・ロシア』というタイトルのアルバムを出したバンドのドラマーだったのに――。

呆気にとられているファンもいたけれど、ビジネスだけじゃなくツアーにも積極的に組んでいたし、アンドリューW.K.をヴォーカルにしてからのパフォーマンスはノンストップライヴに近いスタイルで、ラモーンズを思い出させてくれてよかったと思う。CJとは異なる道だが、それぞれ考え方があるということで私は理解した。

マーキーは体を鍛え、ファッションは黒い服やジーンズでコンバースを履くことを忘れず、ラモーンらしさを維持していた。ソロで来日したとき、「前よりは少し痩せただろう？ 食事にも気をつけてるんだぜ」と言って、渋谷の道路の真ん中で腹筋を見せつけられたこともあった。ラモーンズ時代はなんでも食べていたのに、ソロになってからはお寿司のシャリだけ残していた。ラモーンを名乗る以上、ラモーンズの元メンバーにはイメージを

右頁：ジョニー・ラモーン、川崎クラブチッタにて（1995年10月撮影）

キープしてほしかったので、その努力は評価できた。

２０１５年、来日したマーキーの楽屋を訪ねた。いままでマーキーとはシリアスな話をしたことはなかったけど、オリジナルドラマーのトミーが亡くなってまだ1年もたっていなかったから、なんとなくそのことを私も話したかったので。話はやはり自然とトミーのことになり、楽屋の空気は重くなってしまった。「トミーがいなくなって寂しい」とマーキーが言ったからだ。私は88年からラモーンズのメンバーと接してきたがトミーとはメールのやりとりだけで、会ってゆっくり話すような時間はなかった。でもメールの言葉から、みんなが言うように静かで温厚そうな人柄が感じとれた。

「トミーだけじゃない。みんないなくなった」と私が言うと、マーキーは視線を落としてため息をついた。そして「トミーが亡くなった翌月に俺の親父も死んだんだ」と言った。マーキーもとり残された感じを味わっているんだなぁと思った。

ビジネスマンのようにあれこれアイデアを形にしているけど、私が「ファンクラブの子にサインをちょうだい。でもサインにお金は払わないよ」とジョークを交えながらノートを差し出すと、「当たり前だろ」と言ってさらさらサインをしてくれたのでなんとなく安心した。

それからマーキーは『「I Love RAMONES』をもっと宣伝しなきゃダメじゃないか」と説教したり、ラモーンズの周囲の人たちに対する愚痴を言ったりしていたけど、いつの間にかメンバーの死の話に戻ってしまい、またため息をついた。つらいなら喋らなくていいのにと思いつつ、こんな話をできる相手は他にいないんだろうということはわかった。同じ時代をシェアした仲間というのは、そのときはわからなくても、ひとり、ふたりといなくなってからその大切さを痛感するものだ。そしてマーキーは「お前ならわかるだろう」と言った。この台詞を聞くのは2度目だ。ＣＪもベース盗難事件の夜にそう言った。想いを共有できる人間に話せば少しは楽になるの

左頁：パンクスプリングのマーキー、幕張メッセにて（2015年3月29日撮影）

だろうか――。そう思いながらも、私にこの言葉は重かった。パンク・スプリングの楽屋だからバンドの元気な演奏が漏れて騒々しかったけど、マーキーと私しかいない楽屋には、しんみりとした空気が流れていた。

RAMONES MANIA 2

「なぜか日本だけでリリースされた後期のベストアルバム」と海外のコレクターにミステリアスな評価をされている日本編集のベスト盤『RAMONES MANIA 2』のことも書いておく。

1990年以降の後期ラモーンズ作品を日本でリリースしていたのは、ワーナー・ミュージックではなく東芝EMI（現在はユニバーサルミュージック合同会社に吸収合併）だった。ワーナーとの契約が切れたラモーンズはレディオアクティヴと契約していたから、日本でその権利をもっていた東芝EMIに移籍する形となった。これは日本のファンにはラッキーで、当時の東芝EMIの洋楽部にラモーンズファンのディレクターがいたおかげでレディオアクティヴとの契約は積極的に結ばれ、日本盤のリリースに繋がった。

私とジョニーの関係はラモーンズが終わってからも野球という共通の趣味があったから薄れることはなく、文通も続いていた。そのやりとりのなかで『RAMONES MANIA 2』をリリースすることが決定した。このあたりは信頼関係だけで成り立っていて、ジョニー・ラモーンのシグネチャーモデルのギターの企画なども文通で相談し、次々と形にしていった。

『RAMONES MANIA 2』の選曲はジョニーが担当し、コメントも書いてくれた。フロントカバーやブックレットのインナーの写真は私が都内のスタジオを借り、自分とスタッフのコレクションを赤いバックペーパーの上に敷

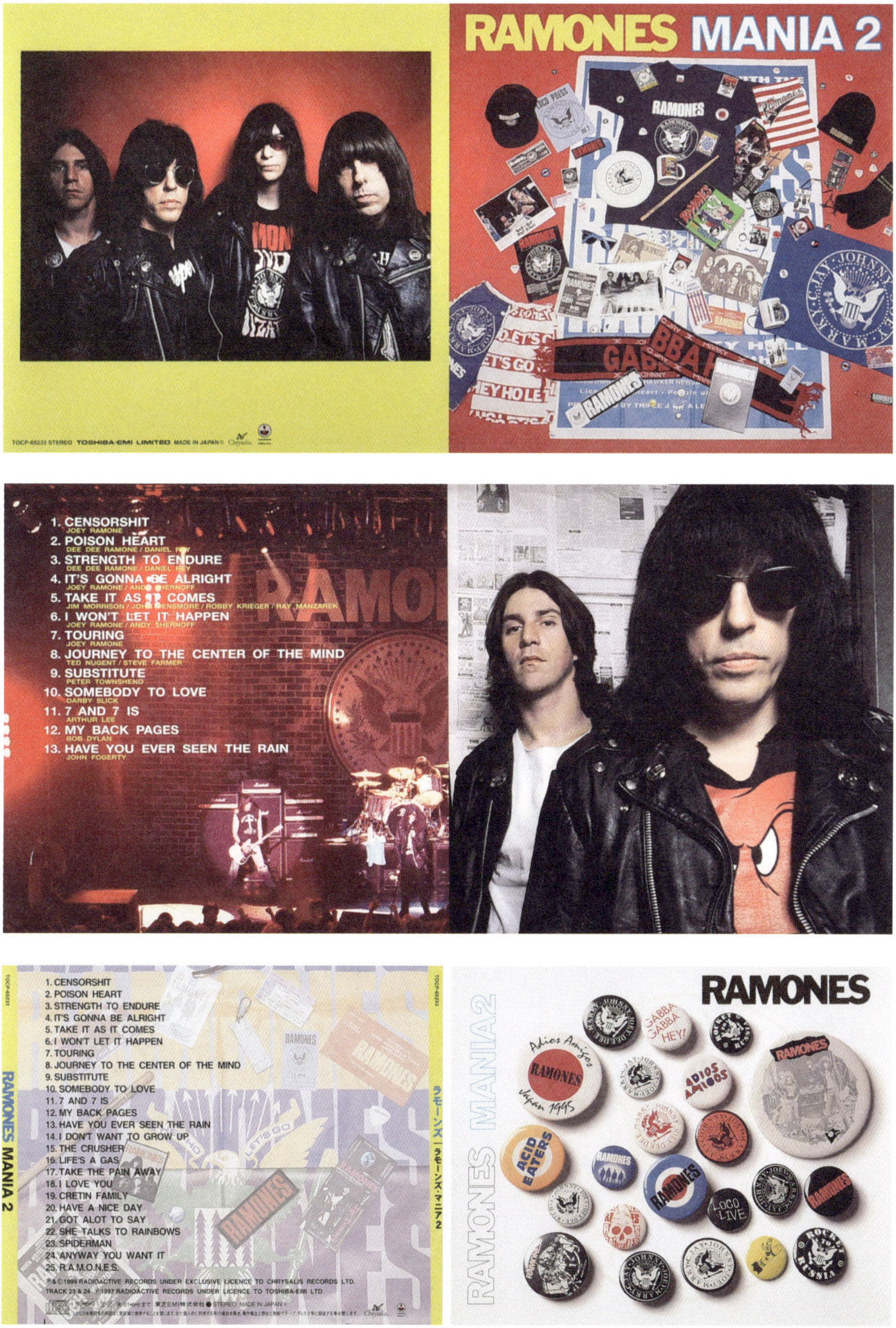

日本限定オフィシャル盤CD『RAMONES MANIA 2』（1999年6月9日発売）のジャケットとインレイ

き詰めて撮影した。契約や宣伝は東芝ＥＭＩが担当し、驚くほどスムーズに進んだ。私も東芝ＥＭＩの担当者も気合いが入っていて、国内版だがライナーノーツは英訳も併記するなど、つくりたい方向が同じで楽しかった。こうしてできあがった『RAMONES MANIA 2』は、オールカラーのブックレット、ロゴのシールも付いた豪華仕様になった。当時はレアトラック扱いだった「スパイダーマン」と「エニウェイ・ユー・ウォント・イット」も入れることができた。

いまでも世界中のコレクターのあいだで『RAMONES MANIA 2』が取引されているけど、このアルバムが日本で制作され、日本国内のみで流通したことの裏話は知られていない。

余談だが、ラモーンズのマネージャー、プロモーターとしてＬＰやＣＤの後ろにいつもクレジットされているゲイリー・カーファーストが当時のマネージメントだった。レディオアクティヴは彼が１９９０年に設立したレーベルで、他にはブロンディやトーキング・ヘッズ、B-52'sなど、サイアー・レコードに所属していたバンドがそのまま移籍していた。彼はラモーンズのメンバーたちと同じくクイーンズのフォレストヒルズの生まれで、フォレストヒルズ高校出身だ。在校時にゲイリーとメンバーたちが友達だったかどうかは、彼らが皆亡くなってしまったいまとなってはわからない。

ジョニーが我が家にやってきた

プライベートな話をこの本でどこまで書くべきか、実は凄く悩んだ。前作『I Love RAMONES』も私の主観で書いた本だけど、主役はラモーンズだという軸がブレないことを常に頭に置いていたつもりだ。

解散から20年以上たち、現役時代のラモーンズを知らない20代、30代のファンは、それでもラモーンズをリアルに感じたいと願っていた。

私とジョニーが新宿歌舞伎町を歩いている写真をファンクラブの若い会員に見せたことがあった。そのときの反応は、私にとって意外なものだった。〝ラモーンズのジョニー〟が〝歌舞伎町〟を〝ユキさん〟と歩いている。写真のなかの〝歌舞伎町〟と〝ユキさん〟という、その若いファンがよく知っているピースが揃うことにより、ラモーンズが実在したことが彼らにとって確かなものになった。写真のジョニーはドーナツを食べながら歌舞伎町を歩いていた。どの店で買ったドーナツなのかもわかる。若いファンにとって私の存在とラモーンズと歩いた日本の場所は、ファンタジーと現実を繋ぐピースとなった。

いままではラモーンズの偶像を崩さないため、プライベートは公開すべきでないと思っていた。でも、オリジナルメンバーが全員亡くなってリアリティが薄れたいま、せめてファンと話すときぐらいは、自分がどんなふうにラモーンズと接していたかを伝えてもいいんじゃないかと思い始めた。だから迷ったけど書くことにした。

ジョニーとCJが東京の我が家に遊びにきたときのこと——。

1995年の最後の日本公演は長い日程だったが、丸一日オフがあった。それで私たち夫婦がニューヨークへ遊びに行くといつも家に誘ってくれるジョニーやCJを我が家に招待してみようと思った。旦那も「異国の家の雰囲気と食事を味わってもらいたい」と言ってくれた。ジョーイはシーナ&ロケッツの鮎川家に招いてもらったと聞いていたので、私たちはジョニーとCJを最後の思い出に誘ってみようと思ったのだ。でも、途中で気が変わった。

アメリカ人には自国のカルチャーしか受けつけないタイプと、なんでもトライするタイプがいるけれど、ジョニーは前者だった。ラーメンやキムチまで食べるCJとは違い、ジョニーはアメリカンなものしか食べない。せっかく誘ってもあれこれ文句を言いそうだなぁと思い、ＣＪだけを誘うことにした。恩義を忘れたわけじゃなく、そのほうが面倒くさくなくてお互いのためにいいと思った。私には狭い畳の部屋にいるジョニー・ラモーンの姿が想像できなかった。

「明日休みだから家にごはんを食べに来ない？　シューティングゲームをやろうよ」

私はＣＪを誘った。「行く行く」と嬉しそうに言ったＣＪに、「ゲームをやるからジョニーは誘ってないからね。黙っててよ」と念を押した。ゲームに興味がないジョニーがうちに来たって退屈するだろうという配慮だ。

「オーケー！　わかった」

返事はよかったが、ＣＪは嘘をつけないタイプだから気がかりだった。

ロングアイランドの広いガレージ付きの家に住んでいるＣＪは、中野の雑居ビルの一室の私の家をウサギ小屋のように感じるかもと思ったけど、テレビの前で旦那とシューティングゲームに興じるＣＪの姿を想像できた。まだ20代のＣＪなら気を使わなくて済む。

当日、ＣＪをピックアップするため、旦那に新宿西口のホテルに行ってもらい、私はワクワクしながらすき焼きの準備をした。

１９９０年の3度目の来日以降、私はラモーンズのライヴを観たあと必ず、バンドが宿泊しているホテルのロビーに行き、終電までジョニーと喋り倒していた。そのうちジョニーが私の終電の時間を覚え、「そろそろヤバいぞ」と教えてくれるまでになった。

その日、私は仕事が忙しいと嘘をつき、ラモーンズ来日中初めてホテルのロビーに行かなかった。いま書きながら、そんな嘘がジョニーに通じると思っていたなんて、私はどれだけ間抜けだったのだろうと恥ずかしく思う。

すき焼きの準備が終わったころ、電話がかかってきた。旦那からだった。

「いまホテルのロビーなんだけど、ＣＪがジョニーに捕まってるんだ。どこへ行くのか聞かれて、ＣＪは嘘つけないから鼻が真っ赤になっちゃって――」

携帯電話が普及する以前のことだから、ロビーの公衆電話からかけている。旦那はひそひそと話しているが、却って目立っていたのだろう。受話器の向こうの緊張感の高まりが手にとるようにわかった。「あっ、ジョニーがこっちに来る。電話代われって言われそう……」と言い終わらないうちにジョニーが出た。

「ハイ。いま何やってるんだ」

うわぁ！　と叫びそうになるのを抑えて私は言った。

「旦那がＣＪとゲームをしたいって言うからさ。ジョニーはゲームをやらないでしょ？　だから今夜はうちでごはん食べてゲームやるんだって」

すべて旦那とＣＪの仕業とばかりに言い訳をした。するとジョニーは「お前はどうするんだ？」と聞くので「だって私は主婦だからごはんつくらないと……」と、ふだん口にしない〝ハウスワイフ〟という単語を前面に出して答えた。するとジョニーは言った。

「じゃあ、俺も行く」

えええええ！　と思ったけど声には出せず、「来る？　でもゲームをやるんだよ。楽しくないかもよ？」と平静を装って聞くと、ジョニーはひとこと「ノー・プロブレム」と答えた。

ジョニーは社交のために嫌なことを我慢するタイプの人間ではない。このころには旦那とも親しくなっていたし、我が家に興味があったんだと思う。80年から数えて7回もツアーするほど大好きな国で、これが最後のツアーだったし。

ジョニーも来ることになり、私はネギと牛肉を増量し、デザートのカスタードクリームのイチゴタルトを買って猛スピードで準備した。うちの敷居を跨ぐ以上、靴を脱いで畳部屋に正座してもらおうと意地悪なことを考えながら3人の到着を待った。

しばらくしてチャイムが鳴った。ドアの小さくて丸い穴を覗くと、そこにはジョニーとCJと旦那が立っていた。そのときの違和感といったら……物凄くシュールな画だった。

ドアを開けると「ハイ」と言いながら入ってきた。「ウエルカム。靴は脱いでね。ここは日本だから」と言うと靴を脱いであがり、天井を見あげたりしながらジョニーは言った。

「狭いな」

CJは気を遣って「そうでもないよ。ニューヨークにもこのぐらいの部屋はあるよ」と言った。旦那がふたりを畳の部屋に通し、とりあえずソファーに座ってもらった。部屋のなかを観察するように眺めているジョニーを見て物凄い緊張感が走った。ニューヨーカーのジョニー・ラモーンが中野の2DKにいる。この光景に慣れるまでには時間がかかりそうだったが、ジョニーがレコードラックのRのコーナーをチェックしたり、どんなバンドのLPをもっているのか調べたりしだしたころには、ふだん遊びにくる友達のように感じて少し落ち着いてきた。

すき焼きができた。CJは「おいしい」と言い、ジョニーに「食べないの？　おいしいよ」と促した。ジョニーは「マッシュルームが入ってるからいらない」と言って手をつけなかった。ジョニーらしいなと思ったが、ヘアスタイルがマッシュルームなのにきのこが嫌いなんだと初めて知った。それからテレビをつけて音楽の話をした。ジョニーはニューヨークの家でも6時ごろにごはんを食べ、そのあとは同じアパートの住人がふらりと遊びに来て野球の話やツアーの話、近くにあるマジソンスクエア・ガーデンで観たライヴの話なんかをしていたので、そんな感じでくつろげているようだった。旦那とCJはあぐらをかいてシューティングゲームを始めたので、私とジョニーはいつものように野球や仕事について話した。

「いつもどこで仕事してるんだ？」とジョニーが聞いたので私はテーブルを指差し、「写真を選ぶのも手紙を書くのもファンクラブの会報をつくるのも全部あそこ」と説明した。ジョニーは黙って頷いた。

最初は家にラモーンズがいる違和感がハンパなかったけど、食事をしてからはいつもの感じだった。デザートをカスタードクリームのイチゴタルトにしたのは、ジョニーの家に行くと妻のリンダがイタリアのカンノーリというクリームが入ったタルトっぽいお菓子をよく出してくれたので、ジョニーはたぶん甘いお菓子が好きだろうと思ったからだ。すき焼きに手をつけなかったジョニーもデザートは気に入ったみたいで、ゲームに夢中のＣＪに「日本のカスタードクリーム・タルトはおいしいから食べたほうがいいぞ」と言っていた。ジョニーはハードロックカフェやダイナーでもストロベリーシェイクを飲んでいた。ラモーンズの楽屋にいつもあったアメリカのチョコレートドリンク、ユーフーもジョニーのリクエストだったのかもしれない。

ジョニーのニューヨークの家に招かれると夜10時半ごろにお開きだったから、我が家でもそれに倣った。

「お前のアパートは俺たちのホテルから近いんだな。タクシーはすぐ来る？　来るならＣＪと帰るから大丈夫」

ジョニーはそう言って、ＣＪとタクシーで帰っていった。けっきょく緊張したのは私と旦那だけだった。ジョニーはニューヨークの自宅のソファーに座っているときのようにリラックスしていた。私はそれが嬉しかった。

クロスビート

90年代はウェブサイトがまだメディアの主流になっていなかったので音楽雑誌がたくさんあった。サブカル寄りのロック雑誌だった宝島、パンク専門誌のDOLL、そしてクロスビートあたりは、ラモーンズが来日すれば必

CROSSBEAT
12
2004 DEC
全てのファンに心から感謝したい
俺達がここまでやれたのもファンの力なんだ
絶頂期に幕を閉じ最後まで"現在進行形"を貫いたラモーンズ・ラスト・インタビュー
インタビュー●大谷英之 通訳●ブライアン・バートン・ルイス 田村亜紀
RAMONES
4 ROAD TO RUIN
ジョーイ・ラモーンによる
全アルバム解説
ラモーンズのメイン・ソングライターの一人、ジョーイ・ラモーン。バカでかい風貌とは裏腹に彼の描く繊細なメロディ・ラインがあったからこそ、ラモーンズは成り立っていた。70年代は革新的だったそのサウンドも、今聴けばしっかりロックの伝統に根ざしたものだということがよくわかるが、ラモーンズの歌は時の経過によって風化しない普遍的な強さを持っているのだ。以下はその当人による、各アルバム解説である。
インタビュー●大谷英之 通訳●ブライアン・バートン・ルイス/田村亜紀
2 LEAVE HOME
5 END OF THE CENTURY
6 PLEASANT DREAMS

音楽雑誌クロスビート。左上から時計回りに、1988年12月号、2004年12月号、1995年12月号、1995年増刊「Rock'n'Roll」vol.1、1995年9月号

SOMETHING TO BELIEVE IN
RAMONES
俺達はいつもロックンロールの原点に立っているんだ
一貫した姿勢を保ち続けてきたラモーンズ、そのオリジナル・パンク・バンドとしての自負と自信
インタビュー●大谷英之
INTERVIEW●HIDEYUKI OTANI
通訳●河原雅子
INTERPRETER●MASAKO KAWAHARA
PIX●MIKIO ARIGA
NEW ORDER
BURRN!
122 PIC YUKI KUROYANAGI
ラモーンズが解散するという事実に
俺はまだちゃんと向き合えていないんだ
ロンドン・ラスト・ライヴにはジョー・ストラマー、ポール・ウェラーも現れる！
ラモーンズへの複雑な思いと愛情をジョーイが語る
メロコアのルーツその2
ロンドン・ラスト・ライヴ
遂に幕を閉じ始めたラモーンズ
インタビュー●大谷英之 通訳●染谷和美
RAMONES

ず記事を掲載した。とくにDOLLとクロスビートはラモーンズに対する熱量が大きかった。

実はクロスビートの編集長の大谷英之は私の旦那だ。大谷が多くを語らないのであまり知られていないけど、彼もラモーンズが好きで最後の日本公演後の南米アルゼンチンツアーにも同行している。ジョニーとも仲が良く、インタビュー嫌いのジョニーは大谷の取材だけは楽しみにしていた。パール・ジャムのエディ・ヴェダーとの電話で「明日は日本の雑誌の電話インタビューがある」と聞かされたジョニーは、それがクロスビートの取材だとわかると、「その取材をするジャーナリストはラモーンズのファンで、あいつの取材は面白い。取材には必ずテーマがあるぞ」と話したそうだ。

クロスビートがジョニーを取材する前日と取材後に、たまたま私は居合わせたことがある。前日、ラモーンズの楽屋にいた大谷とジョニーは、すでに牽制し合っていた。「明日の俺のインタビューはお前がやるんだろう?」とジョニーが聞き、「そう。質問は考えてあるけど、いまは教えられない」と大谷が答えるという具合だ。取材後の楽屋では、「お前のインタビューにはテーマがあったな。そのテーマに沿って俺に言わせたい言葉があったんだろう? 俺は途中でわかったんだ」などとジョニーが大谷に感想を語っていた。打ち解けているように見えるふたりだが、取材現場では互いにジャーナリストとミュージシャンの一線を越えることはなく、知らない者同士のような態度でインタビューは進行していくらしい。そうやって1988年からバンドが終わるまで取材を続けた大谷は徐々にジョニーの信頼を得ていった。かつてDOLL編集部にいた彼はパンクに詳しく、ジョニーがどんなにマニアックな話題をふってもさらりと答えられたことも大きかったのかもしれない。

大谷は、凄い話をジョニーからたくさん教えてもらっていた。その話をファンに公開したくてファンクラブとして大谷に何度も取材を申し込んだがかわされ続けたので、ここでほんの触りだが披露する。

ジョニーはロンドンでセックス・ピストルズのシド・ヴィシャスに会ったときのことを大谷に話していた。それを私に語るとき、いつになく大谷は興奮していた。

「〝あいつ、最初俺に会ったとき、体が震えていたんだぜ〟という台詞をジョニー本人の口から聞いて鳥肌が立った。伝説が伝説の話をしているんだ！」

ジョニーはラモーンズに関する重要なことを私と大谷に相談したことがある。ラモーンズがロックの殿堂入りを果たしたときの授与式で、亡くなったジョーイの代わりに彼の弟をヴォーカルに立てて、1曲だけ演奏をしないかというオファーがあった。ジョニーは私に「その演奏を観たいか、観たくないか？」と聞いた。私の考えは揺れていた。ジョニーは「彼がどう思っているか聞いてほしい」と、私を通じて大谷の意見も求めた。大谷は「自分次第だと思う。ジョニーが演奏したければすればいい」と答えた。けっきょく、ジョーイの弟がヴォーカルのラモーンズの再結成ライヴは実現しなかった。

ファンのネットワーク

ラモーンズコレクターでDJのカッチンにはファンクラブのイベントに何度も参加してもらっている。あるときカッチンに、コレクションをファンに公開しないかと提案すると、「タチの悪いパンクスに自分のコレクションをいじられるのは嫌ですよ」と拒否していたけど、そのうち気が変わったみたいで、原宿のギャラリーでエキシヴィジョンを開くことになった。世界のコレクターたちに競り勝って入手した貴重なコレクションを観られるとあって、ラモーンズファンのみならずロックファン、パンクファンが集まって連日盛況で、その後、仙台や大阪にも巡回した。私も会場で写真を展示したこともありトークショウに招かれ、ラモーンズの現役時代のことなどを話した。熱心なラモーンズファンがいる街にはパンクシーンがあり、徐々にネットワークが広がっていった。宮崎出身のザイテツ君が「自分の故郷でもやりたい」と言って、宮崎での開催も決定した。そのときに宮崎と聞いて思い出したのは宮崎軍団のことだ。

1995年、ラモーンズの最後の日本公演を宮崎から追っかけていた男の子たちがいた。彼らは4人組でマシュルームカットの子もいた。どこの会場にもショットの革ジャンで現れ、ショウのクライマックスの「ピンヘッド」では必ず自作の折りたたみ式GABBA GABBA HEYの看板を挙げて会場を沸かせるという筋金入りのファンだった。私はファンクラブの会長で彼らの何人かは会員だったし、ラストツアーは私も全公演を追っかけていたので行く先々で会い、すぐに顔なじみになった。だからといってツルんでライヴを観たわけでもなく、挨拶を交わす程度。彼らとライヴ後に飲んだら楽しかったかもしれないが、ファンクラブの会報用のレポートを書いたり、ミーグリをやるためにマネージャーと打ち合わせたりで忙しく、私の睡眠時間は毎日3時間ぐらいだったからそんな余裕はなかった。でも会場でショットの4人組が見当たらないとちょっと心配になるぐらいの存在になっていた。彼らにとって私は近寄りがたい存在だったらしいけど。私と友達はそんな彼らのことを〝宮崎軍団〟と命名し、凄く熱心なファンだと認めていた。親衛隊のようにどこでも目立っていて、彼らが看板を挙げると盛りあがるし、必要な存在だった。『I Love RAMONES』の見開き写真に、大阪の夜の街でジョーイを囲むファンたちの写真を掲載しているけど、あの写真に写っているGABBA GABBA HEYの看板と革ジャンの男の子たちが宮崎軍団だ。

ラモーンズが引退して宮崎軍団と会う機会はなくなった。私は東京、彼らは宮崎に住んでいたのでライヴハウスとかで会うこともなく、それきりになった。

2012年、私は生まれて初めて宮崎に行くことになり、宮崎軍団を思い出していた。彼らはいったいどうしているんだろう。すると行く直前になってザイテツ君が言った。

「ユキさん、宮崎軍団のふたりが〝看板をもってエキシヴィジョンに行く〟って言ってますよ」

宮崎軍団

宮崎軍団はそれぞれの道を歩んでいて、最近は4人が揃うことはないと言っていた。彼らは1996年にLAで行なわれたラモーンズのラストショウも観ていて、あのとき以来だから16年ぶりに彼らのうちのふたりと再会した。16年……生まれた子供が高校生になる歳月。彼らは私のことをなんだか優しくなったと言っていたけど、スーツ姿で登場した植村研一郎君ですら看板をもてばあのときの彼のままだった。

当時、彼らとはおそらくすべてのライヴ会場で会っていたけど、一緒にごはんを食べたこともなく、その程度の関係だった。それなのに彼らとの再会は特別なものに感じた。1995年のラストツアーは、日に日に最終公演が近づいていきラモーンズのライヴを観られる数が減っていく。ライヴは楽しいけれど寂しさも同時に味わう、あのときの気持ちをうまく説明するのは難しい。ラモーンズが終わってから私は落ち込んで、1カ月ぐらい何もやる気が起きなかった。

宮崎軍団が同じ気持ちだったかどうかはわからないけど、そんな時間の経過を共有していたことが、私と宮崎軍団、そして1995年のラモーンズのラストツアーを観に行ったファンを繋いでいた。GABBA GABBA HEYの看板をもってアメリカに渡った宮崎軍団も、あと1回、アメリカで観たい気持ちがきっとあっただろう。私は自分の写真を載せるのは好きではないし、ラモーンズの写真でもないのに申し訳ないけど、この記念写真は90年代、ラモーンズを追いかけて走りきったファンのいまを表していて気に入っている。ふたりがそれぞれの道を歩んで

GABBA
GABBA
HEY
GABBA
GABBA
HEY

GABBA
GABBA
HEY
GABBA
GABBA
HEY
GABBA
GABBA
HEY

いたことも、リアルな人生が存在しているということだから私は嬉しかった。もうひとりの田中伸幸君は昔「ゼロゼロＵＦＯ」というラモーンズの曲から命名した古着屋をやっていた。ロックやパンク好きが集うお店で、店主の田中君はラモーンズを常連客や後輩に語り継いだと言っていた。

一緒にごはんを食べたことがなくても大事な時間をシェアしたことは生きていた。黄ばんだGABBA GABBA HEYの看板をもって宮崎のエキシヴィジョンに現れた彼らと初めて深夜まで話をしたけど時間が足りなかった。ＣＪやマーキーが口にした「お前ならわかるだろう」という言葉、それを言う側の立場を少し理解できた気がした夜だった。そしてこの40時間の再会が次に繋がるきっかけになった。

次の来日はプロの手で

２０１０年の来日公演で盗まれたＣＪのベースは、いまも発見されていない。私はあれこれ言う立場にはないけれど、盗まれてしまった原因のひとつは機材の管理不行き届きだと思っていた。バンドの機材は管理する人もいなくて放置されたままだった。人手不足でそうなっていた。プロモーターはそれが本業ではなく、副業で招聘していた個人だったからそれ以上の仕事は望めないということだ。

仕事柄プロのプロモーターの仕事を見るチャンスに恵まれていた自分にとって、呼んでくれるだけでありがたいというミュージシャンやファンの心理もわかるし、待ちこがれているバンドの来日は天に昇るほど嬉しい。でもアマチュアのやれることは限られていることをこの事件で悟った。だから次の来日公演は、あんな残念な事件が二度と起こらないような状況にしなければならないと思っていた。

右頁／上：16年ぶりに再会した宮崎軍団のふたりと著者（2012年10月6日、zaitetsu mineyama氏撮影）
右頁／下：毎回、最前列でジョニーの前に陣取り、終盤「ピンヘッド」で看板を挙げていた宮崎軍団。中野サンプラザにて（1995年10月16日撮影）

ＣＪも日本のプロモーターの仕事ぶりをラモーンズ時代のキャリアから理解している。可能かどうかは別にしても、ラモーンズを招聘し、フジロックでもジョーイが亡くなったときの追悼イベントやＣＪの出演を決めてくれたスマッシュにＣＪの来日公演を手がけてもらうことはできないかと考えた。いまも私の脳裏には、高円寺のライヴハウスの階段に置いてあったイーグルロゴとRAMONESのロゴ入りの黒くて頑丈なハードケースが浮かぶ。大事なバンドの機材が盗まれる経験なんて、もう二度としてほしくない。

ＣＪともメールでやりとりし、「次の日本公演があるならば、ラモーンズのときと同じスマッシュに呼んでもらえるように、小川さんに話だけでも聞いてもらう」と言うと理解してくれた。

90年代にラモーンズの楽屋でのファンクラブのミーグリ企画を快く承諾、最後の日本公演のパンフレットをつくらせてくれ、さらにＣＪのフジロック公演で挙げるGABBA GABBA HEYの看板のこともふたつ返事でオッケーしてくれた小川さんにはお世話になりっぱなしだったけど、図々しいのを百も承知でメールした。小川さんは話を聞くと言ってくれ、私は企画書をもってスマッシュに向かった。

小川さんに、ＣＪラモーン・バンドの日本公演をスマッシュに招聘してもらいたい旨、単刀直入に聞くと、「うちでやる公演は小さいライヴハウスじゃなく、ツアーとして成立させないとダメ」とシビアな意見をくれた。「700人ぐらい埋まれば可能性はありますか？」と、実現させたい一心で具体的な質問を投げると、詳細にわたる意見をもらい、「スタッフに一度相談する」とのことで来日公演に関しては保留で終わった。でも話を聞いてもらえただけでもありがたかった。

ファンクラブにネットワークがあったから宣伝して盛りあげることはできる。だからパブリシストのような存在になって頑張ろうと思っていた。プロでもないのに、マーケットを把握して動けばきっとやれると思っていた。おいそれと来日公演は決まらなかったけど、まだ諦めていなかった。

「ＣＪひとりではラモーンズ並みの集客は見込めない」というもっともな指摘もあり、スマッシュ内のスタッフの意見は割れたそうだ。でもデビュー40周年記念ライヴで『ラモーンズの激情』を全曲完全再現と趣向をこらしたアイデアで、日本公演の可能性は消えていなかった。ＣＪに伝えると「いつもやっている曲が多いし、日本は特別な場所だから日本だけの特別企画ということでやってみよう」と言ってくれた。ファンクラブが宣伝を協力し、来日公演の記事を私が書き、ＳＮＳを盛りあげる——。いろんな手段を再度スマッシュに提案し、東名阪３カ所のツアーをスマッシュに担当してもらえることになった。やった！　麻布の帰り道は嬉しくて浮き足立つほどだった。そして80年代からラモーンズを観てきた小川さんじゃなかったら決まらなかったかもしれないと思い、だからこそ、このツアーは成功させなければいけないと気合いも入った。電車のなかからスマホでＣＪに「JAPAN TOUR DECIDED!」とメールした。

日本公演をスマッシュにやってもらえるだけでもありがたい。それなのに、私は帰り際にもうひとつの提案をしてしまった。それは広島と宮崎をファンクラブのオプショナル公演としてツアーに加えたいという図々しいリクエストだ。スマッシュの好意に甘えていると言われたら、そうかもしれない。でも、本気だった。理由は、１９９５年にジョニーが「ラモーンズの最後のツアーは、可能な限り行ったことのない場所でプレイしたい」と言って、日本地図を見ながら「ここはどう？」と指差した場所を思い出したからだ。それは北海道と宮崎だった。北海道には行けた。台風だったけど。でも宮崎には行けなかった。タイミングよく宮崎軍団との16年ぶりの再会があり、広島にはフジロックもサポートしてくれたＤＵＭＢレコードがある。その２カ所だったらＣＪの公演はできるんじゃないかと思えた。ＣＪとは気心も知れていたしコミュニケーションもとれていた。信頼していたし、お互い向かっている方向は同じだと感じていたからこそ、思い切って先に進めたんだと思う。すべてのタイミングが合致した。

広島、宮崎公演が決まったはいいが、スマッシュの仕事をお手本にして、ケータリング、移動、機材の管理まで、広島と宮崎のサポーターと協力し、プロの仕事に近づけなければならなかった。それができなければ、来日公演をスマッシュに依頼した理由に反してしまう。

ファンクラブの広島と宮崎は、お願いして許可してもらったオプショナル公演だから失敗は許されないし責任もある。メンバーのギャラを確保することも当然のことながら、新幹線の移動、そしてこれまでのラモーンズのツアーでも一度しかやっていない飛行機移動という難しい行程を組んでしまい、自分のやることは簡単なことじゃないぞと思い始めた。

シロートの宣伝活動

広島と宮崎のライヴハウスも決まり、地元の宣伝をスタート。ローカル・フリーペーパーやラジオ局にブッキングしてもらい足固めをしていった。宮崎軍団の仲間たちはバイクで他県にフライヤーを撒きに行ってくれたらしい。広島や宮崎のメンバーがＤＩＹでプロモーションし、ＣＪの来日公演の情報がじわじわと広がっていった。

実際にスケジュールを組むと、大阪公演後に広島へ移動するのは新幹線だから簡単だったけど、広島から宮崎に移動するには途中で飛行機を使うしかなく、もしも悪天候で飛行機が飛ばなかったらどうしようと考えると不安になった。メンバー全員のパスポートのフルネームの確認やライヴハウスにある機材の確認など、いざ自分でやってみると簡単ではなく戸惑った。いろんな人から具体的なアドバイスをたくさんいただき、自分の詰めの甘さを痛感しつつ、ひとつずつ形にしていった。

ＣＪは広島を原爆ドームがある都市だと認識していたが、宮崎のことはまったく知らなかった。「宮崎は日本のオレンジカウンティだよ。東京とは全然違う。地下鉄もないから移動は車やバイク。街にはパームツリーが立っている」と説明すると「楽しみだなぁ」と喜んでいた。こうした毎日のやりとりでＣＪとのコミュニケーションはさらに深まったけど、「このやり方でジョニーだったらオーケーを出すだろうか？」と自問自答し、すぐに冷静になった。このころＣＪが〝引退〟という言葉をしきりに口にするようになっていたから、来日のチャンスを逃したくなかった。誰かが死んでしまわずとも終わりはある。これが最後の来日になるかもしれないと感じていた。

知り合いのプロモーターにアポをとり、「新幹線で機材を運ぶときは、可能な限りドアに近い席を予約すること」「一般客に先に乗車してもらうこと」「ラモーンズの曲をやるなら激しいライヴになるからセキュリティを用意すること」など、プロのアドバイスをたくさんもらい手帳に書き込んだ。落ち度があれば、私もベース盗難のときのアマチュアと同じなのだ。我ながらそんな基本的なことも知らずによくこのツアーを企画したものだと青くなったけど、スタートを切った以上、何がなんでも前進しよう！　と自らを鼓舞した。

昔からの知り合いのスマッシュの半田夕子さんは、この公演が成功するように密かに応援してくれていたひとり。「ユキさんに紹介したい人がいる」と、ＣＪラモーン公演を後押しするサポーターを紹介してくれた。ラモーンズファンでパワーがあってユニークなアイデアをたくさんもっている村山乃津さんという女性。会った瞬間に意気投合し、「必ず成功させましょう」と背中を押してくれた。渋谷のスクランブル交差点の大画面にＣＪのライヴ映像を流し、「GABBA GABBA HEYの看板をもって集まろう」というキャンペーンを張ったり、チケット販売サイトのなかにＣＪラモーン特設サイトをつくったり、村山さんのおかげでＤＩＹでは到底できないような宣伝を次々と経験できて面白かった。どうやったらチケットが売れるのか、企画ライヴの面白さを知らせることができるのか、いろんな人のアイデアを借りながら、毎日そんなことばかり考えていた。

私が広島と宮崎を選んだ理由を説明するとＣＪは納得していた。そして「だから最後のふたつの公演はハイアットのようなホテルじゃなくてモーテル泊だよ。申し訳ないけれど。ファンクラブの公演は泊まるところのグレードが下がることを他のメンバーにもくれぐれも伝えておいて」とメールすると「シャワーの水さえ出れば、みんなどこでも大丈夫だよ」と返事をくれた。でも私はＣＪ以外のメンバーとは会ったことがなく、みんながみんなＣＪのようになんでもオーケーしてくれるとは限らないと思っていたから、この返事を鵜呑みにはしなかった。何もかも大変だったけど、新しいことに挑戦するのは面白い。疲れていようとなんだろうと、ベストを尽くそうと決めていた。それにしても、広島、宮崎公演を盛りあげるために妥協なく動いてくれている地元のスタッフのプレッシャーはハンパなかったらしい。

ＣＪ成田到着

ジャパンツアーのうち、東名阪公演のチケットは８月に販売が開始され、滑り出しは好調だった。東京以外の都市はライヴの日が近くならないとチケットが動かないと聞いていたので心配だったけど、話題にはなっていたようだ。東京公演のライヴをＣＳで放送してもらう手配もできた。ＣＪたちは11月３日に成田に到着だ。チケットが売り切れますように。あとはもう神頼みだった。

11月に入るとＣＪもＳＮＳで「もうすぐ日本に行く！」とコメントや写真をアップしてくれた。何度も来日しているけど、それでも楽しみにしているようだった。兵士の荷物のようにコンパクトにまとめた迷彩のリュックとベースの写真を見ると、私までワクワクしてきた。ニューヨークの自宅のリビングで準備している様子が直に伝わってくるのも悪くない。便利な時代だ。かつて、ラモーンズのメンバーもこんなふうに準備していたのかと想像できて楽しかった。ラモーンズの機材はローディーが運んでいたからメンバーがもつのは身のまわりの荷物だけだったけど、ジョーイの手荷物のバッグには歯ブラシが10本と散らばった薬しか入ってなくて面白かったっけ。あれはツアマネのモンテが用意したのかも。

ラモーンズの来日時には、ジョニーから手紙で情報が送られて来ていたので、到着時間やフライトナンバーまでわかっていた。ラモーンズは当時、ユナイテッド航空の８１０便というニューヨークからの直航便で日本に来ていた。私も当時アメリカに行くときはユナイテッド便を利用していたので、機内の様子やあんまりおいしくない機内食を想像できた。到着の日は時計を見ながら「そろそろ着いたかな」と一日そわそわしていたなと、いろんなことを思い出した。

今回の来日はラモーンズではなくＣＪバンドだ。自分が楽しむのは１９９６年のラモーンズ解散で完結していた。そしてツアーの後半はファンクラブがＤＩＹで組んでいたので、私はつくり手としての責任を感じていた。ラモーンズ時代のルーティーンワークやジョニーからのリクエストの数々が頭のなかにあれこれ浮かび、気合いが入ったしそれが楽しかった。ラモーンズはいない。でもラモーンズファンはいる。そんないま、ファンクラブを運営する立場でやれることの意義を感じることができたんだと思う。

でも東京に到着したＣＪとカリフォルニアのレジェンドたちの顔を見た途端、またワクワクする気持ちが湧いてしまったことも正直に書いておかなければならない。

来日公演初日

ＣＪラモーン・バンドの来日公演は、デビュー40周年記念と題してファーストアルバム『ラモーンズの激情』の全曲を再現することになった。メンバーはカリフォルニア・パンクシーンのレジェンド、アドレセンツのギターのダン・ルートとベースのスティーヴ・ソト、そしてニューヨークの数々のレジェンドと共演してきたドラマー、ジョー・リッツォで固められた。

全曲再現ライヴはラモーンズの現役時代を知らない20代、30代のファンにとって、いつも聴いているＣＤのラモーンズを実際にナマで体験する絶好のチャンスだった。しかも、その布陣を固めるのはアメリカの東西のパンクレジェンドたち。そしてＣＪがラモーンズ時代に叫んでいた本物のカウント「ワン・ツー・スリー・フォー」も聞けるのだ。

公演は『ラモーンズの激情』全曲再現と、ＣＪバンドの曲をプレイする2部構成で組まれた。渋谷のクラブクアトロは、ドリンクもとりに行かず最前列に陣取るファン、その後ろにも続々とファンが集まり、フロアは革ジャンで埋め尽くされた。開演10分以上前からおなじみの「ヘイ・ホー・レッツ・ゴー」をみんなが連呼し始め、会場のテンションは否が応にも盛りあがっていく。狭いフォトピットに立つと、最前列をキープした若いファンの異常なテンションが伝わってきた。何度も来ているクアトロなのに落ち着かず、私はいったんフォトピットを出た。こんな気持ちになるなんて、こんなにファンが楽しそうに待っているなんて、私にとって嬉しい誤算だった。ホールの半分から後ろの客が腕を組んで静かに観ていた１９８８年のラモーンズ2度目の来日公演の中野サンプラザを思い出し、今回もそうなるのかなと想像していた。ＣＪひとりじゃねと半ば傍観するようなムードにならないかと不安に思っていたけど、そんな心配は無用だった。「ラモーンズは曲が最高なんだ。それを伝えなければ」というCJの想いがちゃんと伝わっていて嬉しかった。ラモーンズのライヴが始まる前のあのドキドキした感じを、CJのおかげでまた味わえた。ファンは会場のライトがまだ明るいうちから「ヘイ・ホー・レッツ・ゴー」を叫び続け、ついに7時を過ぎ、場内のテンションがマックスになったころ、ライトが消えた。

ラモーンズのステージではSE「続・夕陽のガンマン」が流れたあと、「デュランゴ95」から次々に曲を演奏したが、CJはゆっくりと笑顔で登場し、落ち着いた感じでレジェンドたちと合図しながらにこやかに「ブリッツ・クリーグ・バップ」と言って「ワン・ツー・スリー・フォー」をカウントし、歌った。ラモーンズのころみたいに必死でかき鳴らすスタイルではなく落ち着いて楽しんでいて、CJらしい『ラモーンズの激情』再現ライヴになっていた。それでもラモーンズの曲だから洪水のように曲をプレイし、ラストの「トゥモロウ・ザ・ワールド」まで、集まったファンはずっと歌い続けていた。みんなファーストの曲を知っていて大合唱。それがラモーンズの凄さ。楽しかったし最高だった。

フジロックに続き今回も私は、ピンベッドに扮して看板をもってステージに登場する役をおおせつかった。正直、自分がふさわしいとはあんまり思っていないし、苗場で大役をやりきってもう燃え尽き症候群みたいになっていたので、誰かに譲ってもよかった。しかし、いざ「やれ」と言われると、ラモーンズのステージで代々受け継がれてきたピンヘッドのアクションの様式に私はこだわった。自作の衣装とGABBA GABBA HEYの看板をクアトロの階段に置き、また頭がパニックになりながらリフを8回数えてステージに飛び出した。そして高くジャンプし、役目を終えるとさっさとステージを去った。

ステージ脇から見ていたスマッシュの小川さんは私がかぶりものナシのピンヘッドを終えて戻ると、「なんで素顔なの？　完璧にやらないとダメじゃん」と言って笑っていた。そんな言葉も、80年代からずっと本物のピン

渋谷クラブクアトロのCJラモーン・バンド
（2014年11月4日撮影）

ヘッドを見続けてきた小川さんの口から出ると説得力があった。ＣＪの日本公演をやってほしいという私の直談判に応えてくれた小川さんに、盛りあがっているこの状況を見せることができて本当によかった。

ラモーンズの魅力はあのアグレッシヴさ、３分足らずのエイトビートの曲を次々と浴びるライヴの楽しさだ。あれはあの４人じゃなければつくれないと思っている。ＣＪバンドのスピードとは違うけど、汗だくになって歌い続けるあのライヴの楽しさを20年近くたったいま、また味わえた。もちろんジョーイの声じゃない。ジョニーのダウンピッキングでもない。マーキーのビートとも違うけど、ラモーンズの曲を一緒に歌って一体になるあの感覚は、東京のクアトロで再現できていたと思う。あんな感じで20年前のクラブチッタの観客も最前列から最後尾の人までみんなで「ヘイ・ホー・レッツ・ゴー」を叫んだのだ。

生き証人が導く旅

東京公演は予想を超える盛りあがりで本当によかったけど、私は広島と宮崎のライヴのためにやることがあったので気が抜けなかった。楽屋の様子やケータリングを携帯電話で撮影し、同じものを用意できるよう、広島と宮崎のスタッフにメールした。バンドのメンバーが揃えておいてほしいとリクエストしていたパンやドリンクやスナック、パンを焼くオーブントースターまで、プロのセッティングと同じ楽屋を再現したかったのだ。ファンクラブのＤＩＹ公演のマイナス部分を少しでも減らし、バンドがそれを感じないような状況にしておきたかった。なぜならラモーンズのアメリカツアーでは、どこの会場の楽屋にも同じものがちゃんと用意されていたから。ドリンクのケースにはいつもユーフードリンクがあったし、ニューヨークからボストンの会場に到着すると楽屋にはデリバリーのピザがあった。同じものがなければ誰かが文句を言った。そういえば一度、楽屋にピザが用意されていないことがあった。私がそれを指摘すると、「ここはサンドイッチが有名なクラブなんだ」とスタッフに教えられた。食べる楽しみはツアーを続けるミュージシャンにはとても大事で、そのためにはルーティーンに微調整が加えられることもあるのだ。

ＣＪバンドのツアー中、私はいつも、「これがラモーンズのツアーだったら」という思考で動いた。ラモーンズのツアーで準備を怠ると、ジョニーが間違いなくそれを指摘する。私はいつもジョニーの存在を意識しながら行動した。それは驚いたことにＣＪも同じだった。

楽屋はいつも和やかで、ＣＪはバンドのメンバーたちと友達のように楽しそうに話していたが、ときにはリーダーらしく彼らに指示を出すこともあった。私がこれまで見たことのないＣＪの姿だった。

メンバーたちはＣＪによく質問をしていた。「こんなとき、ジョーイはどうしてたの?」「それでジョニーはなんて言ってた?」と。まるでＣＪとツアーすることでラモーンズのツアーを疑似体験しているかのように。移動の車ではいつも、ジョーイやジョニーの考え方や行動が話題になった。「こういうとき、ジョニーがこんなふうに必ず仕切るんだ」とＣＪが教えると、「へぇ〜」とメンバーは面白そうに頷き、もっと聞きたそうにしている。そんな会話でＣＪはラモーンズのツアーを思い出し、ラモーンズのルールを守っていた。

楽屋での音合わせもラモーンズの流儀に則っていた。ＣＪたちは、歌わずに音を出すだけのリハを15分ほどやった。ＣＪはラモーンズのスタイルですべてを覚えてきたから、それが身についているのだ。この日本公演は、ＣＪと私にとっては〝ラモーンズのルーティーンワークをなぞるツアー〟、バンドのメンバーにとっては〝生き証人ＣＪラモーンに導かれたオン・ザ・ロード〟、そんなサブタイトルがふさわしい旅のようだった。

大阪から広島へ

ＣＪバンドのツアーは東京公演で好スタートを切り、続く名古屋と大阪公演もいいムードに満ちていた。名古屋はゼロフィクション、大阪は少年ナイフとザ50回転ズという、いずれもラモーンズ愛に溢れたバンドがオープニングを務めたのもよかった。

大阪公演が終わり、ファンクラブの公演が目前に迫ったとき、予期せぬ問題が発生した。スマッシュが仕切ってくれるのは大阪公演まで、その先は機材も荷物もすべて自分たちで運ばなければならないのだが、私はマーチャンダイズが東名阪でどのぐらい売れるのかさえ、予測できていなかった。幸いＴシャツとグッズを入れたダンボールは2箱だったので、1箱は先に宮崎に送り、残りの1箱だけ私が新幹線で広島に運ぶことになった。それでも私がＴシャツの箱と機材と自分の荷物をひとりで運べるわけがない。

終演後に頭を抱えているとスマッシュのスタッフの山本紀行さんとラモーンズ時代から舞台監督を務めるサーシャが現れ、段ボールからグッズを出してメンバーの荷物や機材のケースに振り分け、私が運ぶ荷物を減らす工夫をし、カートをもってきて段ボールを積んだ。そしてふたりは慣れた手つきでカートとダンボールをガムテープでぐるぐる巻きにして一体化させ、運んでいる途中で荷崩れしないようにしてくれた。私にはふたりがまるでヒーローのように見えた。

その作業が終わると、スマッシュの山本さんが東京と名古屋、大阪で使った、サウンドチェックのための記号やコードが書かれたシートをもってきてくれた。「これをミキサーの人に渡して同じようにつくってくれって頼めば、ＣＪが満足する音になるよ」と。プロの仕事はカッコよく、感動した。サウンドチェックのシートをもっていくことすら気がつかなかった私は、ひとりでツアーを組むことがどれだけ大変なことかを思い知らされた。スマッシュのスタッフとはここでお別れ、打ち上げで乾杯をした。

山本さんは1995年のラモーンズ・ラストツアーのとき、スマッシュに入社したばかりの新人だったそうだ。それでラモーンズのメンバーを移動させる車の運転手を任され、会場からホテルに戻る道を間違えてしまい、ジョニーに「この道は通ってないぞ。お前、間違えただろう」と指摘され、クビを宣告されるという恐怖体験を披露してくれた。幸い本当にクビになることはなかったが——。

打ち上げで飲みながらサーシャが新たなアドバイスをくれた。

「明日からの公演、ちゃんとセキュリティは用意してる？　ラモーンズの曲を演奏するんだからな。地元の柔道部の奴らをふたりぐらいは用意しておいたほうがいいぞ」

ラモーンズのショウはいつもギラギラしたファンが集まり、テンションが異常に高くてヤバかった。興奮した客がステージ前に押し寄せて柵が折れたこともあった。あのとき、サーシャと小川さんが飛んできて柵を交換するのを私はフォトピットでビビりながら見ていた。

サーシャと山本さんにとってこのツアーはもちろん仕事だ。だけど、打ち上げでリラックスするとふたりとも、広島と宮崎に行きたいと口にした。残念ながらふたりの想いは叶わなかったけど、私はふたりからプロの仕事の一端を見せてもらってさらに気が引き締まった。自分は全然ダメな素人なのだ。でもやらなきゃいけない。

打ち上げが終わりホテルに戻り、撮影したライヴ写真を整理しながら広島でやることを再確認しているうちに朝になっていた。

広島公演

スマッシュからバンドと仕事をバトンタッチされた私は、CJバンドをホテルに迎えに行った。緊張のためか、睡眠不足でも体は動いた。ロビーでメンバーを待っていると、今回の広島と宮崎公演をサポートしてくれている宮崎出身のザイテツ君が青ざめた顔で言った。

「ユキさん、いま広島から電話がかかってきて……迎えの車が用意できないらしいんです」

私の頭に〝前途多難〟の4文字が浮かんだ。果たして今日から始まるファンクラブ公演はうまくいくのだろうか？ でも、これがプロではない私たちの現実。すぐに頭を切り替えて「メンバーを駅で待たすことがないよう、レンタカーかハイヤーを4台用意しておいてほしい」と指示した。日本の小さい車にはアメリカ人の男はぜいぜい3人しか乗れないから、機材と人間だけで最低でも4台は必要だった。スーツケースと機材はメンバーに運んでもらわなければならず、それだけでも申し訳ないのに駅で待たせるわけにはいかない。

新大阪駅から大量の荷物と機材をもって新幹線に乗り、車内でCJに説明した。

「何度も言うけど、今日からホテルはハイアットじゃなくてスーパー8（アメリカの郊外にあるモーテルのチェーン）だからね。スタッフは頑張ってくれてるけど、広島と宮崎はニューヨークやロスじゃなくてオハイオやサウスダコタだから、ケータリングも同じようにはいかないかもしれない」

説明の形をとった言い訳だった。文句が出る前に先手を打ったのだ。「宮崎は日本のオレンジカウンティだ」と言っていたのに、急遽サウスダコタに降格じゃ、まるで詐欺だけど（苦笑）。CJは「オーケー。わかっているよ」と笑顔を見せたし、あまりにしつこく言うので他のメンバーも「今夜はモーテル」と言って一緒になって笑

左頁：ファンクラブ企画の公演のため新大阪から広島へ新幹線で移動。プロのアドバイスで機材と荷物を最後尾のシートの後ろに積んだが、荷物でリクライニングが効かなくなったシートにCJを座らせてしまった。広島に着き、荷物や機材をメンバーにも手分けして運んでもらう（2014年11月7日撮影）

GH010
Volvic

500ml×24
GH010
Volvic

っていた。気のいいミュージシャンはみんなこう言ってくれるのを知っている私は、この笑顔を真に受けないでいようと思った。なぜなら文句はあとから必ず出るのだ。

そんなスタートだったけど、広島駅に到着するとちゃんと迎えの車が到着していて無事にメンバーを移動させることができ、ひとまずホッとした。会場に着いて広い楽屋に入るとメンバーは荷物を置きケータリングを見て、「東京と同じように全部揃ってるじゃないか!」とポテトチップスの袋を開け、さっそく食パンをトースターに入れて焼きだした。広島のスタッフたちは東京から送った楽屋の写真を見て完璧なケータリングをセッティングしてくれていた。ここからは私の仕事。私はアマチュアだから、理想と現実の駆け引きでツアーをこなすしかない。機材の管理はしっかりやろう。とにかくベストを尽くすしかない。

ダンやスティーヴはジョニーやジョーイについて本当によく質問をし、とくにギターのことやバンド内のルールが話題になっていた。ときには、「凄いな。よくそのルールについていったな」と呆気にとられながら、それでも興味津々で生き証人CJから聞いていた。私が楽屋に顔を出すとCJが「俺たちが楽屋でリハーサルしているとき、ジョーイは別の部屋で発生練習をしていたよな?」と確認してきた。おかげでいろんなことを思い出した。ジョーイは他のメンバーと楽屋が別だったけど、そこで落ち着いて発声練習ができないと、男子トイレを閉め切ってひとりで「アアア〜」とやっていた。そんなときローディーたちは、「トイレ使えないぜ」と廊下で困った顔をしていた。

ラモーンズは広島に行ったことがなく、今回のCJバンドが初めての訪問だったから、サウンドチェック後にCJとダンと私で原爆ドームを見に行くことにした。到着するとふたりはほとんど黙ったまま、静かに原爆ドームを見ていた。私は感想を聞くこともせず、ただ後ろからついていった。ラモーンズ時代を含め、ツアー中の観光はそう多くなく、私がジョニーを連れまわした各地の野球場に原宿と大阪のおもちゃ屋、CJとは和彫りのタ

左頁/上:ラモーンズ時代を完璧に再現したケータリング(2014年11月7日撮影)
左頁/下:原爆ドームを初めて見たCJ(同日撮影)

JACK DANIEL'S
いろはす
I LOHAS
Royal Bread
GOLD
HEINZ

トゥースタジオ、そして長野の遊園地に名古屋城。それ以来だったから、それはそれでよかったと思う。

ライヴハウスに戻り、スマッシュの山本さんから預かったサウンドチェックのシートをPAの担当者に渡すと、「これがあるならバッチリです」と言われた。そして公演をつくってくれたDUMBレコードの店長のナス君のバンド、早朝ピストンズとKiNGONSがオープニングアクトを務めた。両バンドの十分すぎるほどのエイトビートの洪水で熱気が充満したところにCJたちが登場。地元のファンに「東京は凄かったんでしょう?」と何度も聞かれたけど、東京に負けず劣らず広島も盛りあがった。ぎゅう詰めのフロアの後ろのほうのファンまでが演奏に合わせて歌いまくっている姿を見て、ラモーンズの曲のパワーを再認識した。たとえジョーイやジョニー、マーキーがいなくても、どの会場でもラモーンズのおなじみの曲はファンを熱狂させた。日本のファンはラモーンズをよくわかっている。ラモーンズソングを熟知し、曲をパワーアップさせてしまうのだ。

今回のツアーにはひとりのドイツ人が同行していた。彼は1994年にラモーンズを観てから熱烈なファンになり、現在はベルリンでラモーンズに関するコレクションを展示したミュージアムを運営している。彼は「日本のファンはクレイジーだ」と毎日繰り返して言い、そのたび私は心のなかで「当然よ。日本のファンは世界一だよ」と呟いた。

初の広島公演は無事に終わり、ホテルにチェックインしたメンバーは、互いの部屋を行き来して、「俺の部屋、小さなバルコニーもついてる。テレビもアメニティもちゃんと揃ってるぜ。そっちは?」「シャワーもちゃんとお湯が出るし問題ない。十分だよ」などと盛りあがっていた。どうやら事前に「今夜はモーテル」と連呼したのが効いたようだった。ダンもスティーヴも「カンファタブル!(快適だ)」と言ってウインクし、親指を立てて笑顔で部屋に入っていった。広島のスタッフのおかげだった。私はバンドの機材が盗まれることのないよう、すべての機材を自分の部屋に置き、ベッドに横になった。

右頁:広島ライブスペース4.14のCJラモーン・バンド(2014年11月7日撮影)

宮崎へ

今回のＣＪバンドのツアーでの私の立場はファンではなくプロモーターだ。ファンのままでこのツアーをつくることはできなかったし、やりたくなかった。ケータリングひとつとっても、すべての会場の楽屋に同じものを用意し、快適に過ごしてもらいたかった。それは以前、私が仕事でレッド・ホット・チリ・ペッパーズの楽屋に入ったときに目にした光景がずっと頭に残っていることも影響していると思う。世界中をツアーするバンドの楽屋はカーテンもソファーも同じものが用意され、キャンドルを置く位置まで決まっている。世界のどこの都市に行っても、いつも同じ部屋でくつろいでいる気分になれるようにセッティングされているのだ。このレッチリの部屋が、ツアーバンドのベストな空間に思えた。ＤＩＹのツアーだから適当に楽しくやれればいい、ドリンクが足りなくなったらコンビニで買ってくればいいという行き当たりばったりのやり方をする気は毛頭なかった。ずっと、ラモーンズのツアー中のジョニーだったらこれで満足するだろうか？　という自問自答しながら動いていた。私にはそれしか判断の基準がなかったのだ。日本でベースが盗まれるという嫌な事件を体験してしまった以上、隙だらけの仕事は絶対にしたくなかった。だから端から見れば、常に前線に立ち、指揮をする鬼軍曹状態だったと思う。そして広島と宮崎のふたりもその徹底ぶりを楽しめるだろうと思っていた。

広島公演が終わり、新幹線のホームでメンバーと一緒にスタッフのナス君にお礼を言った。「ご苦労様、いろいろありがとう」。その瞬間、ナス君はホッとした顔になり、目に涙を浮かべた。それはプレッシャーから解放された涙のようだった。私は、みんながみんな、自分と同じメンタリティで動けるわけではないことを思い知った。それは宮崎の田中君も同じで、彼らはこのツアーをつくることをサポートしてくれたけど、スタッフである前にファンだった。私は自分の身についているジョニーの考えに従って行動したけど、彼らはそれを知らないのだ。私はそのことを忘れていた。彼らに楽しむ時間をあげられたのかと、あとになって考えた。私とのやりとりからジョニーの存在を感じ、面白がってほしいと身勝手にも思っていた。でも私はジョニー・ラモーンじゃない。それをプロモーターの仕事を経験して初めて考えた。

広島から先が難所だった。なにしろプロでさえあまりやらない、来日したバンドを飛行機で国内移動させるという行程を組んだのだ。天候ばかりはどうにもならないので、ずっと気になっていた。でも頭上には青空が広がり、博多から宮崎へのフライトは問題なさそうだった。しかし、別の問題が発生した。

広島駅の新幹線のホームは、足元のコンクリートに書かれた番号と、実際に乗る号車は時間帯によって異なる場合があるらしく、それを知らない私は間違った場所に並んでしまった。乗れたはいいがメンバーに荷物と機材をもたせたまま新幹線のなかを延々と歩かせた。案の定、ため息と舌打ちが出てしまい、朝のムードは少し悪くなったが、それでも博多には無事に着いた。ここから福岡空港まで通常なら地下鉄で15分ほどだが、荷物と機材を抱えては無理。この移動が一番の問題だった。これを解決してくれたのは、今回のツアーをサポートしてくれた藤澤太郎さんだった。

藤澤さんはザイテツ君と同じ宮崎出身で、博多でロックンロール・レディオというロックバーを経営していた弟さん共々熱心なラモーンズファンだ。藤沢さんは１９９５年、イル・パラッツォというホテルの地下にあるクロッシングホールで行なわれたラモーンズの福岡公演を観ている。20余年の歳月がたち、なんと藤澤さんはそのイル・パラッツォの支配人になっている。そして藤澤さんは、地元宮崎でＣＪバンドの公演があるなら、支配人の仕事を休んで博多駅から福岡空港までの移動を手伝い、一緒に飛行機に乗って宮崎に乗り込むと言ってくれた。ファンクラブが企画したＣＪバンドの公演は、こうした熱い人たちに支えられて成り立っていた。

新幹線が博多駅に着くと、また機材と荷物をもって車まで歩いた。メンバーは誰も文句を言わなかったけど、あまりハッピーなムードではなかった。私はみんなの気分をいちいち気にしていられないと思いながらも、ツアーマネージャーやプロモーターの苦労を少し知った気がした。そして車は空港に到着。ラモーンズのマネージャーのモンテがやっていたように、私はみんなのパスポートを集めてチケットを発券した。荷物が手から離れたからか、メンバーの気分は徐々にアップし、空港内のショップでお土産を見たりして楽しんでいた。その姿を見て、ジョニーがツアーのときに口にした「ライヴ前に疲れたくない」という言葉を思い出した。

しかし、ここでまたしても問題が勃発。当初、このツアーに参加する予定だったドラマーを、ドラッグ問題を理由に来日直前にCJがクビにしていた。私はそのことを彼らが来日するまで知らず、宮崎行きのチケットの搭乗者名がジョー・リッツォではなく前のドラマーの名前だったため、チケットを発券してもらえなかったのだ。すったもんだの末、新たに片道チケットを購入することになってしまった。楽器を傷つけないように運搬の手配に気をつけていたのに肝心の人間の運搬に手こずるなんて……。広島駅のホームのことからあれこれトラブルが続き、心が疲れた。

ところがCJは呑気なもので、飛行機の待ち時間にショップで「ここには餅、売ってないの？　なかに黒くて甘いビーンズが入っているやつを食べたい」と言う。大福のこと？　アメリカ人に大福を食べたいと言われたのは初めてだったので驚いた。CJはラーメンにラー油を入れたり、キムチが大好きだったりの雑食系。「こんな場所に大福あるかな」と私が言うとひとりで空港内をふらふら捜し歩いた挙句、なんと3個入りの大福を見つけて飛行機にもち込んでいた。私とCJは隣の席だったので座るとさっそく大福をもらった。すぐに食べない私にCJが「大福、嫌いなの？」と聞くから「いや好きなんだけど、アメリカ人が大福を食べてることに驚いているの」と言うと、「おいしいよ」と言って笑っていた。

日本に来る前にまわった南米ツアーはどうだったかと尋ねると「ふぅ」とため息をついて「キツいよ」と言い、「南米ツアーをするとニューヨークの自宅に帰って、体のサイクルを元に戻すまでに1カ月はかかるんだ」と説明を始めた。いつも南米ではライヴを24時過ぎまでやるので、ホテルに戻るのは深夜の2時か3時。移動はほとんど飛行機だからホテルのロビー集合は朝の5時か6時。そこから空港へ行き、飛び、次の土地に着いてまた車で移動するという行程が2週間ぐらい続くらしい。

よほど南米ツアーがこたえたのか、CJは「あとアルバムを1枚出したら引退しようかと思っている」と静かに言った。CJと同世代の私は、体力の低下にともない、残りの人生での自分の身のふり方を考えるようになっていることを理解できた。仕事がすべてじゃないし、個人のモチベーションは他人がとやかく言えるものじゃない。彼の言葉を聞いて、ラモーンズの良心であったCJが音楽活動をやめるなら私もファンクラブの活動を終えようと思った。私もCJと同じように目的を見失っていたから。

そんな話をしているうちに私たちを乗せた飛行機は宮崎に着陸。この宮崎公演は、かつてラモーンズを追っかけていた宮崎軍団のひとり、田中君に手伝ってもらって企画した。バイク関係の仕事をしている彼は、バイク好きのCJに、自分のバイクの工房を見せたいと言っていた。「じゃあ、バイクに乗っているラモーンズファンを集めて空港に来てよ」と冗談で言ったら、本当にバイカーたちが宮崎空港に勢揃いしてくれた。あれは壮観だった。CJもこれまであんな歓迎を受けたことはないと思う。革ジャン着用のファンもいて本当に歓迎ムード一色の宮崎。バンドのメンバーも嬉しそうだった。そしてそのバイカーたちが、CJバンドの乗ったバンを先導するという、大統領も真っ青の光景が展開された。

こうしてCJバンドと私たちは、これまで来日ミュージシャンがほとんどライヴをしたことがなかった宮崎県にやってきた。道路沿いに植えられたヤシの木がカッコよく見え、ツアーの最終地にふさわしく感じた。宮崎を

BOMBARDIER
CRJ700 NextGen
ANA

MIYAZAKI
CJ RAMONE
RAMONES

日本のオレンジカウンティだと言ったのは、あながち間違いではなかった。あとはファンが集まって盛りあがれば大成功だ。午前中に到着し、ホテルのチェックインができなかったので、会場ですぐにリハーサルを開始する。ライヴハウスの機材は古かった。でも、ラモーンズ時代にアメリカ大陸をバンでドサまわりした百戦錬磨のＣＪは「なんとかなるよ」と言い、まるで気にしてない様子だった。

宮崎公演

宮崎公演は、バイカーたちが近郊のライヴハウスやコンビニにフライヤーを置きに行ってくれるなど、仲間がＤＩＹで動いてくれ、さらに地元の協力があったからこそ成立した。その根っこにはやはりラモーンズが蒔いた種があった。宮崎も広島同様ラモーンズファンの〝基地〟があり、いまでもファンがいた。１９９５年のラモーンズの来日公演で出会った宮崎軍団との繋がりでこの公演をつくることができた。

広島にはホールやライヴハウスがたくさんあり、ロックの土壌は豊かだった。実際、ＣＪバンドが公演をした同じ日にドイツのメタルバンドが公演をしていた。宮崎にもホールやライヴハウスはある。でもいろんな制限があって設備や機材は古く、それなのに会場使用料は東京よりも高かった。インターネットを使った告知も活発ではなく、ＣＪバンドのライヴ情報は公演まで1カ月を切ったころ、スマッシュの小川さんに「ライヴハウスのホームページのどこにも載っていないよ」と指摘されるまでアナウンスされていなかった。

それでもＣＪラモーンが宮崎に来ることは口コミでじわじわと広がり、５００人のキャパに対して前売り券は４００枚以上売れ、当日券も動いた。九州の他の県からもファンが駆けつけてくれた。オープニングアクトは地

右頁／上：宮崎に降り立つCJと著者（2014年11月8日、大谷英之氏撮影）
右頁／下：宮崎のファンの歓待を受けるCJラモーン・バンド（同日撮影）

元のバンド、IRONFISTとTHE BOREDが務め、集まったファンの盛りあがりは東京の比ではなく、ＣＪバンドの登場を待ちきれず、何時間も前からGABBA GABBA HEYの看板を挙げてしまっていたほどだ。

宮崎公演を手伝ってくれた田中君たちが１９９５年につくり、ラモーンズの日本ツアーやＬＡで挙げたGABBA GABBA HEYの組み立て式の看板も用意され、ＣＪの楽屋に置いた。ラモーンズの全メンバーとアートゥロ・ベガのサインが入った看板をＣＪとアドレセンツのダンがしみじみと眺めながら、楽屋ではまたラモーンズの話が始まった。ベルリンのラモーンズミュージアムの館長は嬉しそうに看板の写真を撮り、「日本のファンが羨ましいよ」と呟いた。そして「ラモーンズはもういないのに、ちゃんと若い子たちがラモーンズを聴いて、革ジャンまで着ている。破れたジーンズやスニーカーを履いている。こんな熱心なファンはヨーロッパにはいない。オールドファンばかりで、若い子は過去の音楽には興味がないよ。ほとんどの人はラモーンズを知らない」とまで言った。さらに「こんな看板を見たのは１９９５年以来で、楽しくて仕方がない」と満面の笑みで語った。ラモーンズミュージアムの館長はフロウ・ハイラーという名前のベジタリアン。年齢は私やＣＪよりも下で40歳ぐらい。ラモーンズ好きが高じてあらゆるグッズをコレクションし、２００５年夏、ラモーンズミュージアムをベルリンにオープンした。そんな熱心でエネルギッシュなナイスガイはこのツアー中、ＣＪの邪魔にならないように気をつけながらローディーのように黙々と仕事をしていた。ＣＪのまわりにはそんな友達としてずっと付き合っていけそうなタイプの人間が集まっていた。

楽屋にいてもオープニングアクトに向かって「ヘイ・ホー・レッツ・ゴー」を叫ぶ宮崎のファンの声が聞こえてくる。私がＣＪに「ねえ、ファンがもうコールしているよ、ちょっと覗いてみて」と促し、ＣＪがステージ横から覗くとファンに見つかってしまい大騒ぎになった。手を振ってすぐに楽屋に戻ったＣＪだったが、次に私が楽屋に行くとにコーラにウイスキーを足しているシーンに出くわした。ＣＪがしまったという顔をしたので私が

「ラモーンズじゃないし、私は気にしないよ」と言うと、慌てて「違うんだ。ちょっと緊張してきたから」と言い訳をした。ラモーンズは誰もライヴ前にアルコールを摂取しない。マーキーは一度それでクビになって懲りてるし、ジョニーはあの調子だし、ジョーイはいつも別室だったからわからないが、とにかくライヴ前には飲まなかった。だからＣＪはウイスキーの瓶をもっているところを私に見られて慌てたのだ。なんだか子供みたいで笑えたけど。私は「あと30分ね」とメンバーに伝えて楽屋をあとにし、そんなに緊張してるのかと意外に思いながら廊下を歩いていった。

宮崎の観客は喫煙率が高く、メンバーは誰も吸っていないのに楽屋にまで煙が充満していた。これは地方公演ならではの驚きだった。

フロアは人で溢れ、最前列は身動きできないほどぎゅう詰め。舞台監督サーシャの指示通り、セキュリティを用意しておいてよかった。私はマイクを摑んでアナウンスした。

「せっかくつくった特別な公演だから、絶対にステージダイヴでショウを壊さないでほしい。ラモーンズのショウはステージダイヴ禁止だったから、やりたい人はやってもいいけど、すぐに横から流れていってくださいね」

すると５００人近い観客が「オーケー！」の叫び声で答える。待ちきれなさがマックスに膨れあがったフロアを目の当たりにし、ライヴハウスってエネルギーを発散させる場所だなぁと再認識した。

ＣＪバンドのライヴはいつも通りにスタート。アンコールが鳴りやまず、他の公演よりも1曲多く演奏した。看板は私じゃなくて田中君にもって出てもらった。95年のラモーンズのツアーであの看板を挙げていた彼にこそふさわしい役目だったから。宮崎でこれからどれだけラモーンズが浸透するのかわからないけど、このショウが記念すべき一日になればいいと思えたのは、パンクスだけじゃなく、メタルのＴシャツを着たファンや普段は邦楽を聴いているような若い人たちも足を運んでくれていたから。なんだかライヴの原点を垣間見た気がした。

成田へ

宮崎のファンはステージダイヴをしても横に流れて楽しんでいた。ライヴを壊さないように気遣ってくれたのが嬉しかった。ファンも完全燃焼だったと思うけど、メンバーもベルリンから来たフロウ君も日本公演が熱狂のまま終わって燃え尽きた。楽屋に入って「最高だったよ！」と声をかけると、メンバーは汗を拭いたりソファーに寝っ転がったりしながらビールを飲み、「ファンクラブの2つのショウも最高だったぜ」と言ってくれた。

ツアー中、打ち上げは毎日はやらない。でも今回、CJたちは広島と宮崎のライヴ後に地元のレストランでゆっくりと食事をした。ラモーンズはライヴが終わってから食事をすることがあまりなかったから、今回のCJの行動は新鮮に見えた。ラモーンズはライヴ後、楽屋でゲストと談笑し、会場の外で待つファンにサインをしてホテルに戻るのが常だった。ホテルに戻ってからの行動は来日した年によって異なる。90年ごろのCJは女のコとどこかへ遊びに行ってたし、ジョーイはクラブチッタの夜のイベントでDJをしたこともあった。ラモーンズのアメリカのライヴはちょっと特殊で、夕方にマンハッタンに集合してバンに乗り込み、ノンストップで目的地に向かうので、途中でごはんは食べない。会場に着くと楽屋で食事をとり、ライヴが終わったらそのままバンに乗ってノンストップで帰る。私が同行していたとき、途中でトイレ休憩をしたことは一度もなかった。男はいいけど、たまに同乗していたメンバーのガールフレンドや奥さんは困ったんじゃないかな。そしてマンハッタンに着くと、CJや私のような下々の者は家の近くまで送り届けられることはなく、夜更けのペンシルベニア駅に降ろされる。CJは1時間に一本のロングアイランド行きの電車をひたすら待つという試練に耐えなければならなかった。マジソンスクエア・ガーデンの前の大きな駅だけど、あんなところに深夜の3時、4時に降ろすなんて、ラモーンズは本当に軍隊みたいだなと思った。

　ＣＪは「日本はいいよ」と、今回のツアー中に何度も口にした。「電車の椅子はふかふかであたたかいし、宮崎の飛行機移動も飛んだらすぐに着陸。道もきれいに舗装されてるから車がパンクしたことなんて一度もないだろう？　心底、快適だ」と。そういえばＣＪは、南米ツアー中にバンがパンクして道に座り込んでいる写真をＳＮＳにあげていた。しかも何度も。他の国のツアーは日本のようにはいかないのだ。だからＣＪ以外のラモーンズのメンバーも日本が大好きで、95年のラストツアーのときの食事は、ファミレスでも満足していた。お寿司の出前も、川崎のクラブチッタの裏の中華料理店の出前も、おいしそうに食べていた。大阪のハードロックカフェでハンバーガーを食べたときは本当に楽しそうだった。アートゥロは、「日本はどうしてパスタとかラーメンとか、麺はなんでもおいしいの？　日本の料理じゃないのに」なんて言っていた。

　宮崎空港に向かう車のなかでＣＪは、「ファンクラブのツアーは完璧だったよ。ありがとう」と言ってくれた。私はＣＪのこの言葉を、きっと本心だけど、ラモーンズから学んだことだと思っている。ラモーンズの日本ツアーの最終日や帰りの成田空港で、ジョニーはバンドのために働いたスタッフや関係者に労いの言葉をかけるのをけっして忘れなかった。鬼軍曹の顔だけではないところがリーダーらしかった。私がただのファンだったころ、セキュリティにGABBA GABBA HEYの看板を没収されて不平を漏らすと、「それは理解する。でも俺たちは彼らのおかげで安全にプレイすることができるんだ」とジョニーにたしなめられたこともあった。

　宮崎を発った飛行機は羽田に到着。私はみんなの機材と鞄の数を確認し、スマッシュのスタッフのバンにすべて乗せて成田に向かった。バンのなかでもＣＪとダンはラモーンズのツアーのことを話していた。そんなによく話すことがあるなぁと思うほど――。

　成田空港でみんなを見送り、ホッとした私は自分の鞄を羽田空港に忘れてきてしまったことに気がついた。スマッシュのドライバーさんが羽田空港まで一緒に戻ってくれることになり、遺失物カウンターから取り戻すというオチがついた。

やりきった

東京に戻ってスマッシュにお礼と報告に行った。スマッシュがＣＪを呼んでくれなければ興行は成立しなかったし、宣伝からアーティストのケアまでプロに助けてもらい感謝している。ファンクラブが企画したツアーとはいえひとりでは何もできず、関わってくれたすべての人のおかげで広島と宮崎の公演をやり遂げることができた。ファンからもたくさんのメールが来て、やってよかったと思えた。新しいファンの入会が続き、ラモーンズの魅力、ライヴを味わう楽しさが、ラモーンズ未体験ファンに伝わったようだ。「初ラモーンズの生音が楽しかった」という嬉しいコメントも寄せられた。帰国したＣＪからも「ファンクラブ公演もプロフェッショナルだったぞ」というメッセージが届き、心地よい達成感を味わった。

でも、達成感の先がなかった。

私はファンクラブを運営している以上、ラモーンズが存在しなくなってからも、会員を楽しませようとしてトークショウやイベントを組んできた。しかし、ラモーンズとともにファンクラブが活動していたとき以上に自分が満足することはなくなった。私のなかで過去と現在がはっきりと分かれてしまったのだ。ジョニーに言われて１９９３年からファンクラブを始め、ときには喧嘩をしながらも楽しく活動してきたが、ジョニー亡きあとは義務感のようなものに縛られて存続させていただけなのかもしれない。そんなことさえ感じ始めていた。

私のなかのラモーンズをアウトプットしてばかりいたら、いつの間にか空っぽになっていた。

バンド不在のまま20年がたち、ラモーンズの現役時代と同じテンションでファンクラブを続けるのはもうキツいと自覚した。仕事じゃないし、無理してやることもない。それにこんな気持ちでファンクラブなんてやるべきではないという思いもある。もうファンクラブをいつ終わらせても後悔はないという考えが頭のなかに広がっていく。今回のＣＪツアーを勝手に自分のファイナルと決めていた。達成感と自問自答が心を支配したとき、モチベーションはどんどん下がっていった。

ハッとした

何をしたらいいんだろう。自分はどうしたいんだろう。ファンクラブなんて仕事じゃないし、会員は家族でもない。所詮、ただのコミュニティのひとつなのに……と、自分に問い続けながらも答えを見出せなくて悶々としていた。ファンクラブに居場所を求めて入会してくる若いファンの望みがなんなのかわからない。私はダメな会長だった。なんだか弱った会社の経営者みたいな気持ちのまま、それでもジョニーとつくったファンクラブだから、放棄せずにどうにかするきっかけを摑もうとはしていた。若いファンと話す機会があると、「ラモーンズのどこが好き？」と彼らの気持ちを知るように努めた。バンド生誕40周年にあたる２０１６年、ラモーンズのコレクションを展示したエキシヴィジョンがニューヨークとＬＡで開催されるのを知り、「もしもアメリカのラモーンズ展に行くことができたら何を一番見たい？」とファンに聞いた。すると現役時代のラモーンズを知らない若いファンにこんなことを言われた。

「ジョニーの履いていた靴を見てみたい。右側がすり減っているかを確認したいから」

この言葉を聞いて私は本当にびっくりした。自分は絶対に思いつかないポイントだった。彼女は真顔で続けた。

「YouTubeで見たらジョニーは右に傾いてギターを弾いていたんです。だから靴は右側がすり減っているはずだと思って。それがわかれば、〝あぁ、ジョニーは本当に生きていたんだな〞って実感できるから」

それを聞いて私はカルチャーショックに似た感覚に陥った。

自分にとって、ジョニーがくれたラモーンズ関連のあらゆるグッズは、すべて過去の遺産でしかない。ニューヨークから大きな封筒で届いた海外のツアーTシャツ、サイン入りのポスターやフライヤー。ラストツアー後に「もういらないから」と革ジャンにつけるUSバッジのスペアもくれた。コレクターにとっては垂涎モノだろうけど、私は「もう見なくてもいいや」と押し入れにしまった。過去を振り返るのは嫌いだったし、そのときはそうでもしないと「これで終わりなんだ」という気持ちにケリをつけることができなかった。

しかし、現役時代を知らないファンにとって、グッズはラモーンズが存在していたことをリアルに感じることができる重要なアイテムなのだ。私とはラモーンズとの向き合い方がまったく違っていたけれど、真剣なファンの気持ちは凄くよくわかった。私と親子ほど年の差があるファンもいるから、「えっ、そんな簡単なこと?」みたいな質問をしてくる子には初々しさを感じたし、マニアックで鋭い視点でコメントを送ってくる子とはチャットしまくってあれこれ語り合った。やっぱりファンと話すのは楽しい。日本のファンにとって「もしもアメリカに行けたら」というテーマは飲み屋で盛りあがる〝たられば〞だったけど、こんな話をしていると私の下がりきっていたモチベーションはほんの少しだけ上がった。

そして思い始めた。ラモーンズが生きていたリアリティを感じることができる最適な場所はニューヨークじゃないのかと。白いペンキで塗られちゃったけどファーストアルバム『ラモーンズの激情』のジャケットの煉瓦の壁はまだあったし、歌詞に出てくる街の風景もあちこちに残っていた。初めてジョニーとディー・ディーが楽器を買ったマニーズや最初にプレイしたライヴハウスのＣＢＧＢは閉店してしまったけど、それでもラモーンズを感じることができる場所はニューヨークにたくさんある。メンバーが歩いたストリートも通っていたレストランも知っている。

ファンクラブの会員をニューヨークに連れていきたくなっていた。このツアーが実現したら自分もみんなと一緒に楽しめるんじゃないか、何かをシェアできるんじゃないかとも思えた。やる以上、自分も楽しみ、満足できなければ意味はない。ラモーンズの聖地を巡ることは懐しさや寂しさ以上に、ポジティヴな体験になる気がしてきた。残っている場所だっていつまでもある保証はないから、先延ばしできない感じがした。私は紙とペンをとり出し、「もしもファンとニューヨークをツアーするとしたら――」と計画を立て始めた。

夢の旅

ラモーンズファンをアメリカに連れていこう。そんな大それたことを考え始めたのは、ジョニーのお墓参りに行ったことがきっかけだったのかもしれない。ジョニーはＬＡのお墓に銅像をつくった。建てたのはパール・ジャムのエディ・ヴェダーたちだけど、あれはジョニーが建ててほしいと依頼してできたもの。

生前、ジョニーと死について話したことがある。「死んだら終わり。それだけだ」と〝いかにも〟なことを言うジョニーに私は「じゃあ、残されたファンはどうするのよ？　こっちは悲しくて困る」と言った。もしかしたら、そのことを覚えていて、お墓を建ててくれたのかもしれない。

私はジョニーの死後、彼のお墓に何度か行っているが、私はそこでジョニーの存在を感じたことはない。それでもあそこに行くと銅像に向かって心のなかで言っていた。「いつかファンを連れてくるよ」と。変な表現かもしれないけれど、お墓には夢や真実があると思う。雑念やビジネスが介在しないピュアな場所なのだ。たとえ大勢で訪ねても故人と1対1で向き合うことができる。お墓をそんな場所だと思えるようになったのは自分が歳をとったからなのかもしれない。ジョニーのお墓もそうだったけど、ニュージャージーにあるジョーイのお墓に行ったときもそう思えた。ジョーイのお墓は独特の雰囲気があって、厳しい冬の日でも夏の暑い日でも、どんな季節に行ってもリラックスできた。ジョーイのお墓はマンハッタンを眺めることができる場所にあったからそれもよかった。ラモーンズが生きたニューヨークをジョーイと一緒に感じられるから。ジョニーのお墓はジョニーらしく、ジョーイのお墓はジョーイらしく、そしてLAのディー・ディーのお墓もまた彼らしかった。どうして故人の人格がお墓に現れるのかわからないけど……。いつか彼らのお墓にファンを連れていきたい。私はずっとそう思っていた。

ラモーンズエキシヴィジョンがアメリカで開催されるというニュースが届いたのは、ちょうどそんなときだった。だから行こうと思った。なんだかメンバーに呼ばれているような気もした。

ファンを連れての旅は成功させる自信があった。1996年のラストツアーのアルゼンチン公演にファンクラブの会員25人を連れていった経験があるからだ。あのときは何も考えず勢いだけでやりきった感があり、若さって恐ろしいって思う。自分がニューヨークに住んだ経験も、ファンを連れていくときには役立つだろうと思った。なぜなら自分が初めてアメリカに到着してマンハッタンの街を歩きながら感じたような気持ちを、彼らもきっと味わうだろうと予想できたからだ。ラモーンズはここで生きていたんだなというリアリティを伝えることができれば、ラモーンズが彼らにとってより一層身近な存在になるだろうと思った。ラモーンズにまつわる場所も地理もすべて把握していた。また、ＣＪラモーンの広島、宮崎公演を実現させたことも小さいながら自信に繋がっていたのかもしれない。

行きたい場所を思いつくままパソコンに入力した。『ラモーンズの激情』の煉瓦の壁、ジョニーと待ち合わせをしていた郵便局、『ロケット・トゥ・ロシア』のドアの前、『トゥー・タフ・トゥ・ダイ』のトンネル、メンバーが出会ったフォレストヒルズ高校――。ファンが喜びそうな場所を書いていたら自分もワクワクしてきた。私はモチベーションが下がっていたことなんてすっかり忘れ、あそこに行って、そのあとここに行ってと夢中で計画を立てた。

行くなら、いま

２０１６年に入り、ラモーンズエキシヴィジョンのスケジュールがわかった。16年4月から7月がニューヨークのクイーンズミュージアム、9月から翌17年の2月までがＬＡのグラミーミュージアムだった。ファンは当然メンバーの育ったクイーンズに行きたいだろうなと思ったので、当初、ニューヨークだけに行くことを考えた。けれど、そもそも日本人が休みをとりやすいゴールデンウイークは飛行機代が高すぎて無理。ついでに狭いくせに値段だけは高いニューヨークのホテルのことを考えると、7月までにクイーンズでラモーンズ展を観るのは難しい気がしてきた。私みたいに安いモーテルに転がり込めるタイプの人間ばかりが集まればいいけど、ニューヨーク旅行のビギナーにはちゃんとアメニティもあるふつうのホテル、最低でもビジネスホテルぐらいの快適さはないときっと疲れてしまう。それに最低でも10人ぐらい集まらなければツアーをやる意味はないわけで、もしも

2、3人しか集まらなかったら、この計画は自分のエゴだったと諦めようと思っていた。
それでも、行くならいましかないと思った。CJが引退をほのめかし、マーキーがため息まじりでトミーの話をしてくれたのを聞き、月日は無情に過ぎていくものだと実感していた。私がバンドと一緒にいたころとは何もかもが違う。自分の年齢と合わせて考えながら、せめて白いペンキで塗られてしまった『ラモーンズの激情』の煉瓦の壁が壊される前に、ファンを連れてニューヨークへ行きたかった。

決めたら動くのは早い。ラモーンズの聖地を巡る旅だから、私は飛行機もラモーンズが使っていたユナイテッド航空にしようと企てた。ところがいざ調べてみると、ユナイテッド航空の成田〜ニューヨークの往復便は廃止されていた。残念。同じ便に乗ると、自分とラモーンズを重ね合わせる楽しみを体験できたのに……。どうせ飛行機に乗るのなら、そこまでラモーンズにこだわってやろうと思っていたのだ。

そのうち、ラモーンズ展のニューヨークとLAでは展示の内容が異なることを伝える記事がネットで発表された。ニューヨークの展示はファンのコレクション、ポスターやフライヤーなどがメイン。一方、LAの会場のグラミーミュージアムは音響機器も設置されており、展示はファンのコレクションだけではなく、メンバーの私物やその場で聴くことのできるライヴ音源も用意されるとのことだった。本当は両方行きたかったけど、日程的にも予算的にも無理があったので、メンバーの私物により興味があった私は、この段階でLAのグラミーミュージアムに絞った。

2016年の初めにCJのマネージャーが来日したとき、ごはんを食べながらこの旅の計画を話すと「ホテルはどうするんだ？　ニューヨークは宿泊代が高いし、10部屋なんて個人で予約できるの？」と凄く心配された。でも、「もしもホテルがとれなかったら、あぶれた連中は俺の家のリビングに寝泊まりしてもいいよ」と言ってくれてありがたかった。と同時に、ラモーンズの関係者にこのツアーのことを公言したことで、私の計画が実現に一歩ずつ近づいている気がした。

そうなると手応えや反応を知りたくなり、未確定のままファンクラブのサイトのニュース頁に、ラモーンズ展とラモーンズの聖地を巡るHEY HO LET'S GO TO NEW YORK CITY & LA TOUR!の開催を発表した。見切り発車の感は否めなかったが行動しないことには前に進まない。するとすぐに参加希望のメールが届いた。問い合わせは思っていたよりたくさん来たけれど、その時点で参加確定といえる人数はまだ6名だった。やっぱり6月の平日に休みなんてとれるわけがないよなぁ。応募してきた数名に「まだ規定の人数に到達していません。もしも9月に変更になっても行きますか?」とメッセージを送り、念のためリセットした場合のスケジュールも立ててみた。

夢の計画

6月に休みがとれないことがやっぱりネックになっていていることがわかり、9月末の祝日と土日を挟む1週間に日程をずらすことにした。

どこかで決断しなければ前に進めない。「家族もいるし行くのは無理だけど、レポートを楽しみにしています」とメッセージをくれた会員もいた。みんな、本当は行きたいのだ。それはひしひしと伝わってきた。だから行くことのできる人は、行けない人の想いも受けとめて、ファン代表として楽しんでほしいと思った。

この旅は私がみんなを連れて、「ここがジョーイのアパート」、「ここが『ラモーンズの激情』の壁」と指差して教えてまわる聖地巡礼ツアーなのだ。かつてそこにはラモーンズがいた。郵便局ではジョニーが局員たちとヤンキースの話をしていたし、アートゥロのロフトではソファーに座ってデリバリーの中華をみんなで食べたりしていた。ジョーイのアパートの前にはベン&ジェリーズというアイスクリーム屋があり、ジョーイはよくその店のピンク色のTシャツを着ていた。思い出は楽しいことばかり。私がこんなにまとめて思い出の場所に足を運ぶことは二度とない。だから多少感傷的になってもいいと思った。現実には、このときに想像していたのとは、まったく違った気持ちになったんだけど……。

ファンクラブのサイトで日程が9月に変更になったことを伝え、あらためて参加者の募集をかけると、最初の告知で応募していた6人は「何月になっても絶対に行きます!」という強者だったから動かず、そこにひとり、またひとりと加わって最終的には東京と名古屋の30代から50代まで男女10名が集まった。96年のアルゼンチンツアーに参加してくれた夫婦もまた応募してくれた。

参加するメンバーは会社員や主婦といったふつうのファンだから、みんなこのツアーのために大変な想いで準備をしていた。「休みがとれるか、会社に相談してみます」「週末に家族に相談するので締め切らないで待っててください」という切実なメッセージを受けとった。だからこそ楽しんでもらいたいとこっちも本気で思っていた。何度もいける旅じゃない。しかも私、ファンクラブの会長がガイドするラモーンズ聖地巡礼ツアーなのだ。私が死んだらもうできないし、ニューヨークの煉瓦の壁だって、いつまであるかわからない。だからいまなのだ。

締め切り後にこのツアーのことをSNSで知って「やっぱり行きたい」と手を挙げるファンが増え、20名ほどに膨れあがったが、私ひとりが引率するキャパを超えていたので何人もお断わりしなければならなかった。

また、SNSを見た中学生から参加希望のメールが届き、そこまで本気じゃないだろうと思って「お母さんに相談して」と返信すると、今度は母親から「息子は本当にラモーンズファンなのでお願いします」と返事があり面食らった。アメリカでは15歳未満の子供の行動は厳しく制限されるため、残念だが諦めてもらわなければならなかったけど、ラモーンズを知らない世代のファンの熱い反応に触れ、私は使命を全うしている気分だった。

おそれ入りますが、切手をお貼り下さい。

読者ハガキ

151-0051
東京都渋谷区千駄ヶ谷3-56-6

(株)リトルモア 行
Little More

ご住所 〒

お名前(フリガナ)

ご職業

□男 □女 才

メールアドレス

リトルモアからの新刊・イベント情報を希望 □する □しない

※ご記入いただきました個人情報は、所定の目的以外には使用しません。

小社の本は全国どこの書店からもお取り寄せが可能です。


[Little More WEB オンラインストア]でもすべての書籍がご購入頂けます。

http://www.littlemore.co.jp/

クレジットカード、代金引換がご利用になれます。

税込1,500円以上のお買い上げで送料(300円)が無料になります。

但し、代金引換をご利用の場合、別途、代引手数料がかかります。

ご購読ありがとうございました。
今後の資料とさせていただきますので
アンケートにご協力をお願いいたします。

voice

お買い上げの書名

ご購入書店

市・区・町・村　　　　書店

本書をお求めになった動機は何ですか。

- □新聞・雑誌などの書評記事を見て（媒体名　　　　）
- □新聞・雑誌などの広告を見て
- □友人からすすめられて
- □店頭で見て
- □ホームページを見て
- □著者のファンだから
- □その他（　　　　）

最近購入された本は何ですか。（書名　　　　）

本書についてのご感想をお聞かせ下されば、うれしく思います。
小社へのご意見・ご要望などもお書き下さい。

ご協力ありがとうございました。

ＣＪやマーキーにメールをし「ファンクラブのメンバーが9月にニューヨークに行くからミーグリをやってほしい」と伝えると、ＣＪはこんな提案をしてくれた。

「俺が送迎会社のドライバーのキャップを被ってバンでＪＦＫ空港に迎えに行く。そして全員をマンハッタンのホテルまで送り届けるというのはどう？」

この提案は結局、ＣＪが南米に行くことになってしまい実現しなかったけど、もし実現していたら面白かったのに！　参加者がバゲージから荷物をピックアップし、自動ドアを出ると「ウエルカム・ニューヨーク！　ラモーンズファンクラブ・ジャパン」のネームカードをもったドライバー（ＣＪ）とご対面だったのだ。残念。こんな調子で私は参加者のためにあれこれアイデアを考えた。みんなはどんな気持ちで9月を待っていたんだろう？ビジネスとは無縁のファンの冒険旅行が迫ってきた。

旅の準備

ツアーが決まってから私は、ホームグラウンドのアメリカがなかなか認めなかったラモーンズを、日本ではいまもこうして熱心なファンがサポートし、ファンクラブまで存在していることをアピールしたかった。私たちがニューヨークへ行くことでそれを実証したかった。どうして日本やヨーロッパには熱心なファンがいるのにアメリカでは人気がないの？　南米公演はスタジアムなのにアメリカ国内はなぜバンでドサまわりなの？

「アメリカにファンクラブはない」と残念そうにしていたジョニーの顔を思い出し、アメリカのメディアにどう訴えるか作戦を練った。ニューヨークの友達にニューヨークタイムスやヴィレッジ・ヴォイスといった新聞、Ｃ

NNやCBSニュースなどのメジャーなテレビ局に取材してもらうにはどうしたらいいか相談すると、さすがニューヨーカーだけあって「積極的にメールしてみなよ」という強気のアドバイスとマスコミの連絡先をくれた。さっそく各メディアに「9月にラモーンズのニューヨークを聖地巡礼ツアーする私たちのことを取材して。ラモーンズは日本ではいまも凄く人気のあるバンド。ラモーンズはあなたたちの国、アメリカのバンドです！」というメールをガンガン送った。結果はまったく相手にされなかった。悔しかったけど気持ちを吐き出せたし、やるだけやったから良しとした。

毎日、スケジュールを考えた。アルバム『ハーフ・ウェイ・トゥ・サニティ』を撮影したマンハッタンの中華料理店の店長宛に、自己紹介とラモーンズへの想い、9月21日に人数分の予約を入れたい旨を手紙に書き、アルバムカヴァーのコピーを同封して送ったけど、なぜか戻ってきた。あとはジョーイのお墓には最低でも1時間以上はいるようにしようと考えたり、セントラルパークにある『トゥー・タフ・トゥ・ダイ』のジャケットのトンネルを訪れるのは昼間がいいか、夜がいいか、ファンをメンバーに見立てて撮影するのに適した時間帯を考えたりした。そのうちニューヨークの友達や関係者も私たちの旅に興味をもち、情報を提供してくれるようになった。ラモーンズが生きていたらストリートでジョーイやジョニーと一緒に写真も撮れたのに……。そんな感慨に浸りながら行く場所を地図で調べた。『トゥー・タフ・トゥ・ダイ』のジャケットを撮影したカメラマンには場所の確認のメールを送った。地下鉄やバスの移動時間を確認したり、宿泊するアパートメントホテルを人数分確保したりしながら一つひとつ決めていった。ニューヨークからLAへの移動は朝8時の便だから、スーツケースをガラガラ引きながら地下鉄でニュージャージーの空港へ行くのはつらいよなぁと思い、シャトルバンを予約。怠け者のドライバーだと遅刻するから、「時間通りに来てください」としっかり念を押した。ニューヨークに詳しい参加者もいたので協力してもらいながらスケジュールを作成。完全に手づくりの旅だけど、参加してくれるラモ

RAMONES FC JAPAN
presents
HEY HO! LET'S GO NYC & LA TOUR

【　日程　】 2016年9月21日（水）～26日（月）
【集合場所】 成田国際空港　第一ターミナル・南ウイング4階
全日空ANAカウンターに8:45am.
※当日はLINEで連絡を取り合いながら動きましょう。早く到着した人は、チェックインを済ませてください。席の予約も入れてあるので簡単です。マイレージ番号のカウント入力も忘れずに。
【 HOTEL 】 CHELSEA 29 / 333 west 29th Street.
New York. NY 10001.

DAY	TIME	RAMONES LOCATION	
9/21 (水) 【NY】	11:00	ＮＹ到着！！	JFK空港を出発→マンハッタンのホテル。 ※タクシー3台(4人乗り)でマンハッタンに向かいます。
	13:30	チェックインと支払い 部屋割り14時～ 終わり次第、 PIZZA屋へ移動	宿泊ホテル 『Apartment hotel/chelsea 29』 333 West 29th Street. NY. NY. 10001 電話番号：917-378-1492 ※入国審査の紙にはこの住所を記入してください。マンハッタンで帰宅するタクシーに乗る時は「29th STREET. Between 8th & 9th Avenue」と言います。
	14:00	昼食 （ホテルから タクシーで移動・10分）	JOHN's PIZZA ＜ジョニーが好きなピザ＞ 278 Bleecker Street (between 6th Ave & 7th Ave)
		食後から観光スタート Hang around JOEY' PLACE！！ 	・ex CBGB ・JOEY RAMONE PLACE ・Arturo's Loft ・1st Coverのロケーション ・3rd Coverのロケーション ・Joey Ramoneのでかい壁アート ・DEEDEE's のソロPVのロケーション /washinton Squair ・Harfway to sanity'sのロケーション
	20:00	夕食	Hop Lee Restaurant. ＜『Harfway To Sanity』のジャケの店＞ 16 Mott Stbetween Mosco StPark Row212-962-6475

DAY	TIME	RAMONES LOCATION	
9/22 (木) 【NY】 【NJ】	10:00	集合	※朝食は各自で済ませてください。 ※お勧めはアパートから徒歩1分のTACO BELLや朝食のダイナーです。
	11:00	移動	JOEYのお墓まいり『HILLSIDE　CEMETERY』 742 Rutherford Ave, Lyndhurst, NJ 07071 バス降車：801-899 Rutherford Avenue, Rutherford, NJ ポート・オーソリティ・バス・ターミナル(42nd ST / 8th AVE)からバスでジョーイのお墓の近く(Lyndhurst)まで移動。 バス代金は往復$8.5(値上がりなど不明)片道約20分。 ※アパートからバスターミナルまで14ブロックを北上なので、当日の天気や様子でタクシーにするか徒歩にするか検討。徒歩10分～15分。 道々お花とか買いたいと思うので、線香は持参します。
	13:30	昼食	バス・ターミナル周辺に、テイクアウトができるデリやサンドイッチや、PIZZA屋さんがあるので購入後セントラルパークへ地下鉄で移動。天気が良ければセントラルパークでランチ。悪い場合は店内で食事します。
	午後	マンハッタン・ミドルエリア 	昼食後、バス・ターミナルの目の前がジョニーとDEE DEEがUSバッジを購入したミリタリーショップ(見える)KAWFMANSなので、寄り道後、地下鉄かタクシーでセントラルパークへ移動しご飯。 その後「TOO TOUGH TO DIE」のトンネルへ。
		夕食～自由時間	セントラル・パーク解散後、自由時間。 ※オプションあり
	18:00	アパート集合 	SCREECHING WEELS & CJ RAMONE SHOW!!! at IRVING PLAZA (TEL: 17 Irving Place New York, NY 10003) ※CJ が先に出演です。チケット手配済み。会長、LIVE撮影あり。 終演後ミーグリを予定しています。その後現地、解散・自由時間。
9/23 (金) 【NY】	9:45	集合	※朝食は全員でベーグル屋又はダイナーで。
	10:30	移動	Hang around JOHNNY's PLACE ・チェルシーホテル(の前を通過して) ・ジョニーが毎日通っていた郵便局 ・ジョニーが住んでいたアパート(『I Love Ramones』でクリスマスツリーの写真の住居・指さし観光) ・もしこの時間に観覧できそうであればファーストのレンガのAlbert Gardenへ再訪問。 ・時間に余裕がある場合は練習していたスタジオSIRスタジオへ(指さし観光)
	午後	＜地下鉄で移動＞ 	地下鉄でフォレストヒルズへ移動し、RAMONES WAYなどハングアラウンド。この後、フラッシング・メドウズコロナ・パークへ移動。 96～110th St. Forest Hills, Queens, New York 11375
	夕方	夜	自由時間 ※オプション：メジャーリーグ観戦

DAY	TIME	RAMONES LOCATION	
9/24 (土) 【LA】	11:00	LAX国際空港 到着 !!	荷物をピックアップしホテルに移動。 ※シャトルバスを予約中。
	12:30	ホテル・チェックイン	近所又はチャイニーズシアター周辺でランチ 宿泊ホテル 『COMFORT INN NEAR HOLLYWOODWALK OF FAME』 7051 Sunset Blvd, Hollywood, CA, 90028,
	15:00	移動 	ジョニーとDEE DEEのお墓参り ※場所は湖とFairbanks メモリアルの近く(地図参照で) HOLLYWOOD FOREVER CEMETERY 6000 Santa Monica Blvd.Los Angeles, CA, 90038 
	16:30	自由時間	※オプションあり / ドジャー・スタジアム、他
9/25 (日) 【LA】		朝食	朝食（パン・ベーグル・ヨーグルト等）です。モーテルでどうぞ。 もちろん外にスタバなどもあります。
	10:30	集合	メトロでグラミー・ミュージアムー移動
	12:00	移動 	GRUMMY MUSIUM ラモーンズ・エキシビジョン観覧 800 W Olympic Blvd Los Angeles, CA 90015 月～金：10:30 AM - 6:30 PM / 土日: 10:00 AM - 6:30 PM
	14:00	移動 	THE MAYAN THETRE 『ロックンロール・ハイスクール』のロケ現場 ※グラミー・ミュージアムから徒歩で移動します(10分) 
	16:00	移動 	ホテルへ及び自由時間 ※オプションあり
	18:00	集合	夜食・RAINBOW GRILLE（レミーの行きつけの店） ～Live house ROXY～whisky a gogo が点在するサンセット・ストリップで夕食及び自由時間。
9/26 (月) 【LA】	9:00	集合	空港へ移動 （10時までに到着しましょう） シャトルを予約中
	12:55	成田へ出発！！	思い出をたくさん持って帰国の途に Adios Amigos～♪

NYC&LA聖地巡礼ツアーのスケジュール表
（実際の旅程とは多少異なる）

ーンズファンのみんなが大満足するように計画を何度も練り直した。

邪魔をするな

私は仕事で出張したときの経験上、初対面の人との旅は最終日にようやくお互いを知ることが多いのがわかっていたので、ツアー前に参加者同士のコミュニケーションをとらせる必要があると感じていた。この旅は5日間ずっと同じメンバーで行動する。参加者はほぼ面識がない人たちの集まりだったので、LINEに「ニューヨークとLAに行くぞ」というグループをつくり、みんながコミュニケートできるようにした。これが出発の半年前の3月ごろ。「初めまして」で始まったLINEは「革ジャン着て行きますか?」になり、「コンバースで行きますか?」「ピザやバーガーキングを食べてみたい」と、あっという間にコメントの嵐と化した。

LINEが盛りあがったのでいよいよ顔合わせをしようと、決起集会を計画。待ち合わせはラモーンズの歌詞にも出てくるバーガーキングの前にしたくて新宿店に設定した。みんな最初は固かったけど、絶対に行きたい場所はどこかを聞いたりしているうちに、あっという間に時間は過ぎていった。

出発は9月21日。しかし旅が目前に迫った9月17日夜8時半(現地時間)、とんでもない事件が起こった。ニューヨークのチェルシー地区で爆弾事件が発生し、29人が負傷。私が予約したアパートメントホテルは、シド&ナンシーの事件でも有名なチェルシーホテルから2ブロックの場所にある。その爆弾事件の現場とは目と鼻の先だった。「チェルシーホテル前の道は封鎖されました」と日本のニュースでもとりあげられていて、9月ということもあり、またテロかもしれないと世間はざわついた。私は出鼻をくじかれたみたいで凄く悔しかった。

さらにもうひとつの問題。大型の台風が接近していたのだ。台風は徐々に大きくなりながら関東に向かっていた。愛知県に上陸するのが20日夜と予想され、21日朝には関東に達するだろうと天気予報が告げていた。お天気キャスターが外でびしょ濡れになりながらレポートする姿にイライラし、21日に出発するのに勘弁してよと思っていた。台風の直撃で2日目を中止した第1回のフジロックを思い出し、「神様は新しいことをやろうとしている奴に洗礼を浴びせさせたいの？　冗談じゃないよ。どっか行け！」と心で叫んでいた。

爆弾事件についてはCJのマネージャーが元ニューヨーク市警のコップだったからすぐに連絡が入り、「テロじゃないらしい。心配せずに来い。ニューヨーカーはテロなんかに負けない」と言ってくれた。しかし、ニュージャージーでも爆発があったという報道もあり、ジョーイのお墓はニュージャージーにあるし、私たちのLAまでの移動はニュージャージーの空港発だったので、行く道の封鎖がないことを祈った。半年間ずっと心待ちにしていた参加者の気持ちを思うと悔しくて仕方なかった。

現地時間の18日夜、爆弾事件の犯人が捕まった。しかし台風は暴風域を拡大しながら東進。名古屋から参加するメンバーは21日の早朝、愛知のセントレア空港から成田空港に飛び、そこで初めて参加メンバー全員が顔を合わせるという手筈になっていた。もしも20日の深夜に台風が愛知を直撃し、成田行きのフライトに影響したらどうしようかと気が気でなく、私は出発前からどっと疲れてしまった。

やがて心配は怒りへと変わり、「私たちのツアーを邪魔する奴は誰だよ？　誰にも邪魔なんてさせない。冗談じゃない！」とニュースや天気予報を見ながら怒っていた。そして絶対に行ってやると思っていた。意志の力で流れを変えてやると念を送り、テンションは異常に上がっていた。想いが通じたのか、チェルシー地区の閉鎖は解除され、初日のチェルシーホテルの観光は予定通りにできそうだった。それが出発の前日で、明日いる場所の映像を東京のテレビのニュースで見ながら荷物を詰めることになるとは思ってもいなかった。窓の外は大荒れでピューピュー風が吹いている。名古屋から参加するメンバーに「もし不安だったら今夜、新幹線で東京に来る？うちに泊まっていいよ」と提案してみたけれど、その新幹線だって停まるかもしれない状況だ。名古屋の４人は明日の朝の天気に賭けるという選択をした。「台風が無事に去ることを祈りましょう。明日はみんな成田で絶対に会おうね」と、私はLINEにメッセージを残した。

何が私たちの旅を邪魔しようと、負けない自信はあった。絶対に行ってやる。ジョーイとジョニーのお墓が待っている。それがあるから気持ちは揺るがなかった。「朝になったら台風一過で晴天になってますように」と祈りながらベッドに入ったけど、ふだん寝つきのいい私にしては珍しく、なかなか眠れなかった。

ニューヨークがウエルカム

朝起きたら東京は青空だった――。

LINEに名古屋チームからセントレア空港を出発する満面の笑みの４人の写真が届いていており、「よかったぁ」と口から自然に言葉が出た。ふだんから神頼みなんてしないばかりか、昨日までその神様に文句を言ってたくせに、「あぁ、神様ありがとう」と感謝の言葉まで飛び出した。成田へ向かうバスのなかでは「私も成田に到着しました」というコメントが次々に届き、スマホがピッピッと鳴り続けていた。

待ち合わせのゲートに着くと10人がいた。「初めまして」と挨拶を交わしていたけれど、LINEグループのおかげで「なんか思った通りの人だ」などと言いながらすぐに盛りあがっていた。初めてのアメリカ、初めてのニューヨークへ向かうみんなは、どんな気持ちだったんだろう。記念写真を撮って機内へ。みんなの希望通り通路側の席を確保したので縦に2列、ラモーンズTシャツの軍団が並んで楽しそうにしている。ずっと気を揉んでいたのは私だけだったみたいだ。いまからラモーンズのホームタウン、ニューヨークへ本当に行くのだ。

この聖地巡礼ツアーはラモーンズファンクラブ・ジャパン会長の私が案内し、参加者が写真を撮ってほしい場所でカメラマンの私が撮影するというオプション付き。だからみんな、9月なのに革ジャンの用意も抜かりなかった。私たちを乗せた飛行機は定刻に成田を発ち、太平洋を越えてニューヨークに定刻より少し早く着陸した。

そのとき私は、ラストツアーを終えてアルゼンチンから戻るラモーンズをここで待っていた日のことを思い出していた。ラモーンズはアルゼンチンで熱狂的に迎えられ、ホテルのまわりは厳戒態勢が敷かれていた。アルゼンチンでラモーンズのメンバーに会うのは不可能に近かったが、VIPパスをもっていた私はジョニーと交渉した。「ニューヨーク経由で成田に帰る私たちのほうが先にJFK空港に到着するから、空港で待っててもいい？日本へ帰るファンたちに会ってほしい」。ジョニーの返事はオーケーだった。ラモーンズは私たちより1時間ほど遅い便で戻ってきて、ファンのみんなにサインしたり写真を撮らせてくれたりした。それがラモーンズのルーティーンワーク。別れ際、ジョニーは私に「俺たちアルゼンチンで凄かっただろ？　でもここからはいつも通り。ふつうに地下鉄で帰るんだ」と言って笑い、手を振って帰っていった。

それから20年後、私は10人のラモーンズファンとJFK国際空港に降り立った。聖地巡礼ツアー・ニューヨーク編の始まりだ。空港からシャトルバンに乗ってマンハッタンに向かう途中、車窓にラモーンズのメンバーが住んでいたフォレストヒルズ地区の看板が現れ、さらにフラッシング・メドウズ・コロナ・パークの大きな地球儀が見えると、車のなかは修学旅行の夜のような大騒ぎになった。そこはラモーンズがPVを撮った場所だった。やがて摩天楼のビル群が迫ってくると、みんな緊張しているのか、さっきまでの騒ぎが嘘のように静かになった。

アパートメントホテルに到着して荷物を置くと、昨日まで爆弾騒ぎがあったチェルシーホテルの前に行って写

El Quijote
RESTAURANT
OPEN FOR BUSINESS

真を撮った。私は思い思いに撮影するみんなの姿を見て、ここまで来れば大丈夫とホッとひと息ついていた。

ジョニーと食事をしたピザ屋に行くために地下鉄に乗った。みんな最初はどうやって乗るのかわからずあたふたしていたけど、仲間と一緒だから大丈夫。きっと全員がそんな気持ちだった。2駅で降りてブリーカーストリートに向かう10人は全員がラモーンズのTシャツを着ている。なんだかカッコよかった。

ジョンズ・ピザに到着すると外で煙草を吸っていたイケメンの店員のお兄さんが私たちの姿に驚き、「ヘイ、ラモーンズ！　みんなラモーンズファン？」と聞いた。「そう。私たちは日本のラモーンズファンクラブのメンバー」と答えると、お兄さんも「俺のTシャツもラモーンズだぜ。クイーンズミュージアムで買ったんだ」と嬉しそうに胸のロゴを指差した。いきなり仲間に会った思いがして「イエーイ！」とハイタッチして盛りあがる。「私たち、ここのピザ食べに来たの」と言うと「本当かよ？　入れ、入れ」と店内に招き入れてくれた。

ジョニーと何度も来たこの店は老舗のピザ屋で、内装も格式があってカッコよかった。当時、店の2階にディクテイターズのヴォーカルが住んでいるとジョニーから聞かされたことがある。みんなで長いテーブル席に座ると、さっきのラモーンズTシャツのお兄さんが店のBGMをラモーンズに変えてくれた。ラモーンズTシャツを着た私たちはジョニーゆかりのジョンズ・ピザで、ラモーンズを聴きながら薄い生地のおいしいピザを食べた。店内には野球のユニフォームが飾られていて、いかにもジョニー好みな感じがしたけれど、ジョニーと通っていた当時はそんなの気にも留めず、ピザを食べられるというワクワク感しかなかったっけ。

みんなはホールからトイレに至るまで写真を撮りまくっていた。きっとそこにジョニーがいたはずだから——と。私たちの珍道中はこんな感じでスタートした。現役時代はジョニーと街を歩いていても誰ひとり気にも留めなかった。しかし、時を経てレジェンドになったラモーンズをニューヨークは大事にし、きちんとリスペクトしている。私たちはこの街に着いて1時間足らずでそれを実感した。私が知っているころのニューヨークとは明ら

右頁：改装中のチェルシーホテル。このすぐ先で数日前に爆弾事件が起きた（2016年9月21日撮影）
222 W 23rd St, New York, NY 10011

Brooklyn Lager
Killians Irish Red
Goose Island IPA
Stella Artois
House Wine
FOREST HILLS
RAMONES
RAMONES
RAMONES
JOHNNY RAMONE
ROAD TO RUIN

SAXON+PAROLE
Joey
RAMONE
S+P

かに違っていた。

バワリーストリート

ジョンズ・ピザのお兄さんと記念写真を撮り、私たちはラモーンズの原点ともいえるＣＢＧＢがあった交差点に向かって歩きだした。そこはいま〝ジョーイ・ラモーン・プレイス〟と呼ばれている。みんなもうニューヨークの街に溶け込んで、活き活きとしていた。ニューヨークのバワリーやブリーカーストリートの周辺は、ジョーイのアパートやＣＢＧＢ、アートゥロのロフトがあった場所。ラモーンズが歌ってきたあのムードが漂っている。

スタイリッシュでエネルギーに満ち溢れたニューヨークで、ラモーンズTシャツを着た日本人10人は凄く目立っていた。道行く人に「ヘイ、ラモーンズ！」と何度も声をかけられてハイタッチをしたり、「一緒に記念写真を撮らせて」と言われて撮影したりして、日本から訪ねてきたお客様じゃなくて、すっかり主役のようだった。

ＣＢＧＢの跡地の斜め前の壁に、ジョーイが革ジャンを着てボクシングのグローブをはめた大きな絵が描かれていた。カラフルなペンキで描かれたジョーイはまるで街の象徴のようで本当にカッコよかった。記念写真を撮ろうと言って、みんなを壁画の前に立たせた。カメラのファインダーを覗くと、そこにはパンクのキングと10人の子分がいた。

ジョーイの空気がいっぱいのバワリーストリート。「はい、ここ！」と私が突然歩くのをやめて、ジョーイが住んでたアパートを指差したので、みんな驚きながら止まって撮影を始めた。道行く人たちは不思議そうにアパートを見あげたり、なんだかわからないままに立ち止まって一緒に撮影したりしていた。ふつうの人からすれば

右頁／上：ジョンズ・ピザでラモーンズTシャツを着た店員と記念撮影（2016年9月21日撮影）
278 Bleecker St, New York, NY 10014
右頁／下：ジョーイ・ラモーンの壁画（同日撮影）

ただの建物や道でも、私たちにとっては凄く大切な場所なのだ。

ラモーンズはツアーに出るとき、このアパートの近くの広場にバンを停めて、ジョーイが降りてくるのを待った。持病の強迫神経症ため外に出てくるまでに時間を要するジョーイを、助手席から降りて腕組みをしてひたすら待つジョニーの姿が目に浮かぶようだった。私は自分が見てきたラモーンズの姿をみんなに言葉で伝えた。

「アパート前のこの道が3rdストリートなんだけど、ジョーイはよくこの広い通りをふらふらと歩いて渡っていた。それを何度か見かけたよ」

私がミニメガホンで話すと、みんな真剣な眼差しでじっと聞いていた。

ジョーイ・ラモーン・プレイスもこの近く、いまはおしゃれな洋服屋に生まれ変わったCBGB、そしてデビューアルバム『ラモーンズの激情』のジャケットの煉瓦の壁もある。いきなり見どころは満載だ。ジョーイ・ラモーン・プレイスは看板を何度か盗まれたので、最初に設置されたときよりもだいぶ高い位置につけかえられていた。ここで旅のオプション、お気に入りの場所で撮影する企画のひとり目を撮った。ジョーイ・ラモーン・プレイスの緑の看板の下で、行きかう人も写り込むように画を収めた。街に溶け込んだ一枚になった。

その交差点の隣がアートゥロ・ベガのロフト。窓を見あげると、まだ入居者が決まっていないらしく薄暗いままだった。私はニューヨークに来るといつもアートゥロのロフトに泊めてもらっていたので懐かしい気持ちになったが、不思議と寂しくはなかった。

さらにこのロフトから5メートルほど進むとプライベートな庭、通称〝アルバートガーデン〟があり、その向かって左側のビルの煉瓦が『ラモーンズの激情』の壁だ。すたすたと歩きながら指差し、「あれがファーストの壁だよ」と言うと、みんな「わあ！」と声をあげた。いまは鉄格子で囲まれているので、なかには入ることはできないけれど、確かにこの壁の前にラモーンズは立ったのだ。この瞬間こそ、私が味わってもらいたいリアリティ

左頁：ジョーイのアパート前で説明をする著者（2016年9月21日、野崎朋美氏撮影）
115 E 9th St, New York, NY 10003

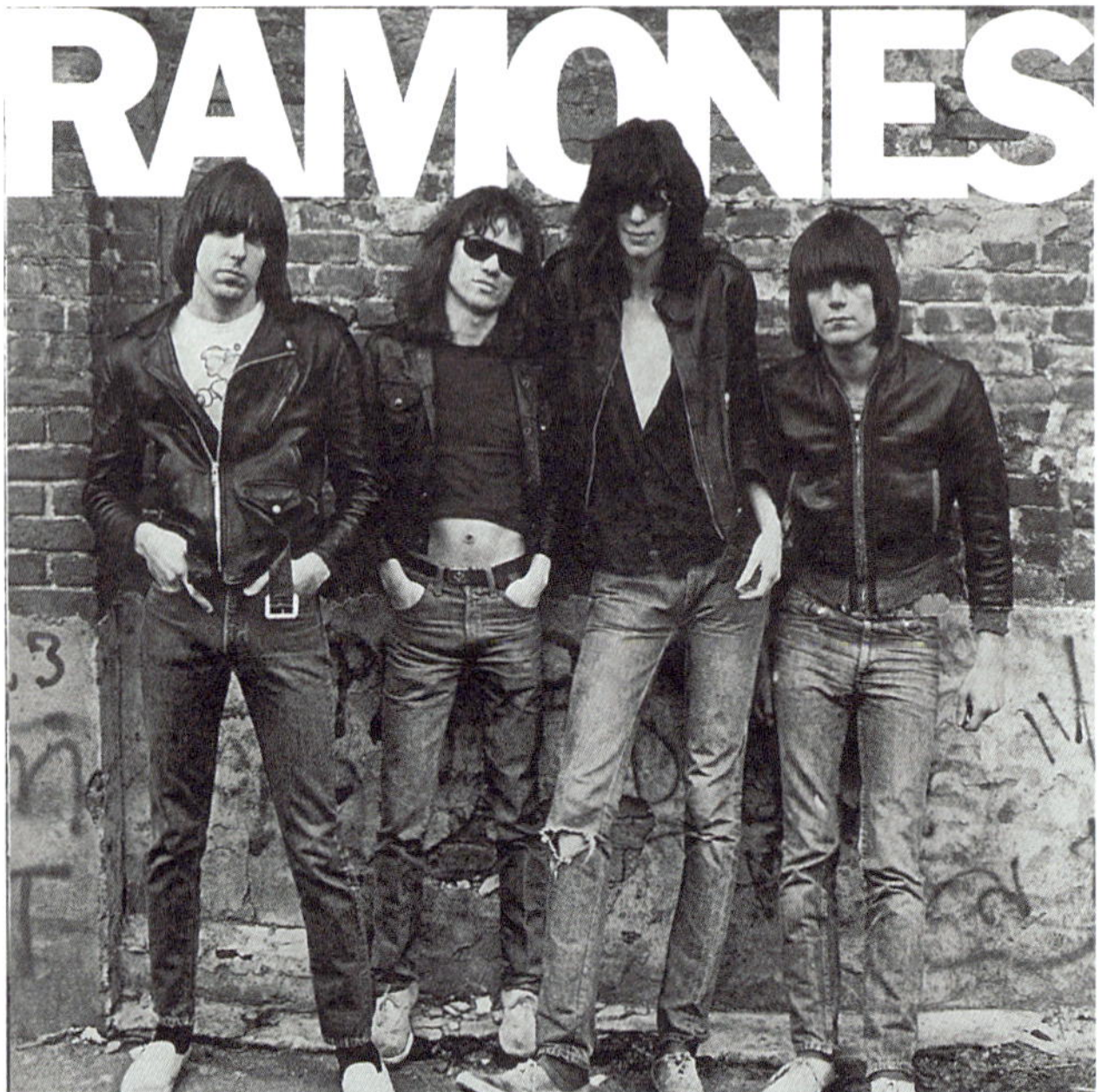

右頁／上：ジョーイ・ラモーン・プレイスの標識（2016年9月21日撮影）
325 Bowery, New York, NY 10003
右頁／下：1stアルバム『ラモーンズの激情』（1976年4月23日発売）
左頁：『ラモーンズの激情』のレンガの壁があるアルバートガーデン（2016年9月21日撮影）
16 E 2nd St, New York, NY 10003

だった。みんな「ここかぁ」とずっと見つめていた。ラモーンズファンだったら誰しもあの壁の前に立ってみたいと思うはず。最近はラモーンズファンがやってくるからだろうか、週に2、3度、数時間は鍵を開けてくれるらしい。

1976年、写真家のロベルタ・ベイリーがPUNK誌のためにこの煉瓦の壁の前でジョーイ、ジョニー、ディー・ディー、トミーの4人を撮った。当初、ファーストのジャケット写真はレコード会社が依頼したカメラマンが撮影したがメンバー全員がその写真を気に入らず、ロベルタの写真を使ったのが真相だ。PUNKの編集長のジョン・ホルムストロムは「うちの写真を勝手に使うな」と怒っていたらしい。そりゃそうだ。ジャケットのために撮影したものではないんだから。でも、それがラモーンズのアイコンみたいな存在になってしまうんだから、何がどう化学反応を起こすかなんて誰もわからない。

数年前まではジャケットのままの煉瓦だったのに、いまは白いペンキで塗られてしまった。残念だけどこれが現実。でも壁そのものは存在していたから、ファンに見せることができてよかった。それにしてもレコード会社に雇われたカメラマンが撮りおろした写真は、いまどこにあるんだろう。

みんなラモーンズになれる街

バワリーストリート周辺には他にもラモーンズに関係する場所がある。CBGBの裏の搬出搬入口で、サードアルバム『ロケット・トゥ・ロシア』のジャケットはここで撮影された。みんなで歩いて裏にまわると、私が80年代に初めてここを見たときとはまったく別の場所というぐらいきれいに整備されていた。あのころはゴミだら

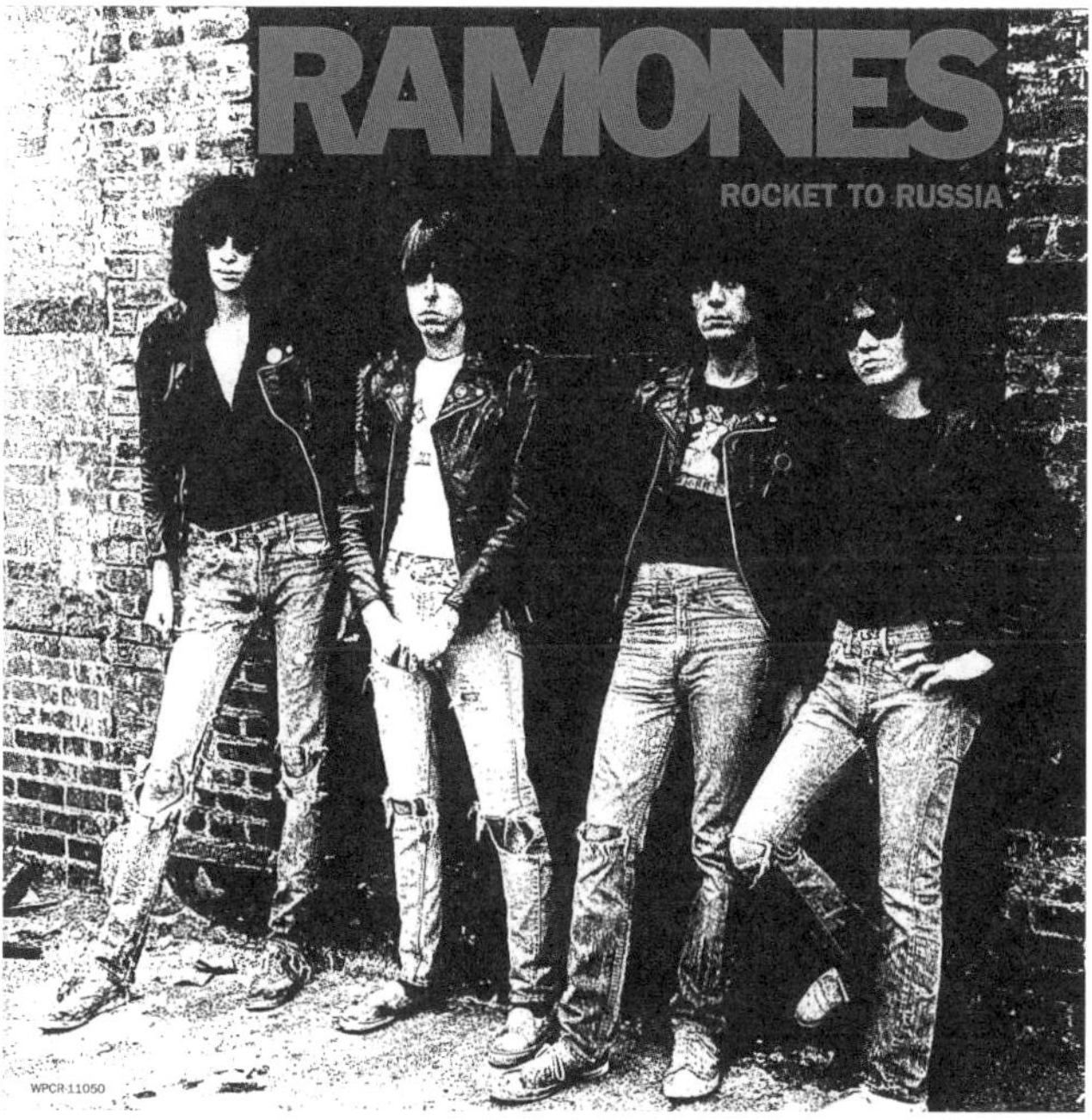

上：『ロケット・トゥ・ロシア』のジャケット写真のロケ地はCBGBの裏の搬出搬入口。CBGBがブティックに生まれ変わった現在も店の裏に存在する（2016年9月21日撮影）
315 Bowery St, New York, NY 10003
下：3rdアルバム『ロケット・トゥ・ロシア』（1977年11月4日発売）

CBGB
OMFUG
315
313
313 GAL

315

前頁：在りし日のCBGB（2004年12月27日撮影）
CBGBの正式名称は「CBGB＆OMFUG（Country Bluegrass Blues and Other Music For Uplifting Gormandizers）」。1973年にヒリー・クリスタルが創業し、2006年10月15日のパティ・スミスのライヴを最後にクラブとしての営業に幕を下ろした
上：ジョン・バルベイトスの店内に残されたCBGBの壁（2016年9月21日撮影）
315 Bowery St, New York, NY 10003

けで隣にホームレスのシェルターがあり、そこに入れないホームレスが寝ていたりして悪臭が漂っていたが、いまはスタイリッシュな空間に生まれ変わっていた。それでも搬出搬入口そのものは当時のままの形で残されているから、この前に立つとみんな『ロケット・トゥ・ロシア』のラモーンズになれる。ここでも〝再現ごっこ〟はかなり楽しかった。

ＣＢＧＢの跡地にはジョン・バルベイトスというブティックがオープンし、洋服や靴、ロックのＣＤなどを売っている。オーナーはＣＢＧＢに通っていたことがある人で、この場所がスーパーマーケットになってはダメだと思い、自分で店を出したらしい。彼はブティックの店内に、ＣＢＧＢのフライヤーだらけの壁やトイレに続く柱、そしてこの裏口を残してくれた。

搬出搬入口で撮影して表に戻ると、70年代に多くのバンドを撮影していたゴドリスさんという写真家と遭遇。しかも彼のほうから声をかけてくれて、「みんなラモーンズファンなの？　なんてクールなんだ！」と絶賛しながら首から下げたカメラで私たちを撮影し始めた。そして昔撮ったラモーンズの写真をスマホで見せてくれた。ピザ屋のお兄さん、写真家のゴドリスさん、新しい出会いが続くのもニューヨークならでは。

初日のたった数時間で私たちは道行く人々から次から次へと声をかけられ、写真を撮られた。「正装」した日本人のラモーンズファンは、まるでちょっとした有名人になったような気分を味わった。解散してロックの殿堂入りを果たし、オリジナルメンバー全員が亡くなったいまになってやっと、ニューヨークにラモーンズがいたということが人々の心に定着した気がする。

チャイナタウン

その後、いったんホテルに戻り、夜はチャイナタウンへ。アルバム『ハーフ・ウェイ・トゥ・サニティ』のジャケットはマンハッタンのチャイナタウンにある中華料理店の前で撮影されたから、晩ごはんはこの店で食べることにした。ＣＪのマネージャーが私の代わりに下見を兼ねて食べに行って「おいしい」とお墨付きをくれたので、みんなワクワクしていた。晩ごはんを食べたら店の前で写真を撮りたいから、９月だというのにみんな革ジャンを着ていった。ジャケット写真も夜っぽかったからちゃんと晩ごはんに合わせたのだ。

ニューヨーク在住のジャーナリストの友達も合流し、みんなで乾杯をして賑やかな初日の夕食、丸いテーブルに炒飯やブロッコリーと牛肉炒めなんかが次々と運ばれて華やか。大人数だから中華の晩ごはんにして正解だった。日本を発つ前、台風でハラハラしたことが嘘みたいにニューヨークの天気はよかったし、ついさっき成田で初めて会ったとは思えないほど、みんな友達みたいないいムードだ。まだ初日の数時間だけど、このツアーを計画してよかったなと思った。

私の説明を聞くときのみんなの真剣な眼差しが本気度を表わしていた。ニューヨークに来るまで、私はただ思い出を振り返り、「ここがジョーイのアパート」「ここがピザ屋」と指差し観光を遂行するだけだと思っていた。でも実際にラモーンズゆかりの場所を歩くと、私の言葉をひとことも聞き逃さず、すべての場所を眼に焼きつけようとしている参加者の熱心さ、ラモーンズが好きだというピュアな想いに私は気圧されていた。

中華料理店の前で写真に収まりたいファンたちは、メンバーと同じ色の靴下まで履いてきてやる気満々だった。自分が撮られる番を待っているギャラリーは、被写体になっている者に立ち位置やポーズ、表情まであれこれ指

上：『ハーフウェイ・トゥ・サニティ』のジャケットのロケ地の中華料理店「ホップ・リー・レストラン」（2016年9月21日撮影）
16 Mott St, New York, NY 10013
下：10thアルバム『ハーフウェイ・トゥ・サニティ』（1987年9月15日発売）

示を出し、「手の位置が違う」「もっと肩を落として」などと完璧を求めて路上で大騒ぎ。チャイナタウンでも最高に楽しかった。ここにラモーンズがいた。いま同じ場所に立っている。それだけでみんな幸せそうだ。

撮影が終わり、夜は思い思いの場所に散って初日を終えた。私は友達とアパートメントホテルに戻り、近況を語ったりして久しぶりのニューヨークの夜を味わった。明日は参加者全員が行きたがっていたジョーイのお墓参りからスタート。バスで15分揺られれば着くニュージャージーのリンドハーストという街にあるジョーイのお墓は、マンハッタンを一望できるという本当に素敵な場所にある。何度か訪れたことのある私には初めて行く参加者の気持ちが想像できずにいたけれど、特別な時間になるのは間違いないと思っていた。

翌朝、アパートメントホテルの1階で待ち合わせし、みんなで地下鉄の駅まで歩いた。私はニューヨークではついつい早歩きになる。ときどき後ろを振り返ってみんながついてきているかを確認するのが、この旅のお決まりのパターンになった。かつてジョニーと歩いていたときも「お前、歩くのが早すぎる」とよく言われた。ジョニーはマンハッタンでは「20ブロックまでは歩いて、それ以上は自転車」と決めていたっけ。

ポートオーソリティ・バスターミナルで切符を買い、デリで買ったサンドイッチを食べながらバスを待つ。ラモーンズファンと一緒にジョーイのお墓参りに行く。私にとってこの旅の最初のクライマックスが来た感じだ。バスが来てみんな乗り込む。眩しい太陽の光を浴びながらバスは走った。

ジョーイにサンキューを

バスはあまり人が乗ってなく、まるで田舎の路線のようにのんびりと走った。窓の外を流れる景色を見ていると朝の強い日差しで目がチカチカした。

　リンドハーストでバスを降りた。そこからは何度が来たことがあるというファンクラブの会員の女の子と私が先頭を歩き、坂道を上っていった。あたりは広い空き地が目立ち、住宅がまばらに建っているだけ。たった15分の移動でマンハッタンとは対照的なのどかな風景に変わった。バス停から数分でジョーイが眠っているヒルサイドセメタリーに到着した。

　早足で歩く私に、みんなは息を切らしながらついてくる。ときどき笑い声もあがり、遠足気分だ。ヒルサイドセメタリーはまるで東京の代々木公園のように広く、芝生が敷き詰められていてとても美しい。園内を歩いていると、参加者のひとりが指を差し、「あった！　あそこだ」と大きな声で言った。ジョーイのお墓を見つけたのだ。みんなそこに向かってゆっくりと歩いていった。「HYMAN JEFF」と「A.K.A JOEY RAMONE」と刻まれた正真正銘のジョーイのお墓だった。みんなはお墓の数メートル前で立ち止まってしまった。ここまでお喋りしながら歩いてきたのに、もう誰も口を開かなかった。涙をボロボロ流しているファンもいた。みんな、じっとジョーイのお墓を眺めていた。私もしばらく黙って見ていたけど、日本からもってきたみんなのメッセージが書かれたピンクのボードをお墓の前に差し込み、ファンクラブのスタッフがつくってくれた日の丸にGABBA GABBA HEYと書いたフラッグをお墓にかけた。そして、マンハッタンで買ってきたお花を供えようと言うと、ようやくみんな動きだし、一人ひとりジョーイのお墓にお花を手向けた。

　日本からもってきた線香に火をつけて供え、手を合わせた。誰かがジョーイの曲を流すと、涙をすする音が大きくなった。私が「ジョーイはファンといるのが好きだったし、日本も大好きだったからきっと喜んでるよ」と言うと、みんな黙って頷いていた。日差しが強いので木陰に隠れたりしながら、みんな思い思いにジョーイのお墓の前の芝生に腰を下ろした。

次頁：ジョーイの墓（2016年9月22日撮影）　ニュージャージーにあるヒルサイドセメタリーのニュー・マウント・ザイオン区域にある。マンハッタンのポート・オーソリティ・バスターミナルからニュージャージー行きのバスで15分ほど。降車停留所は「801-809 Rutherford Avenue」。ニュー・マウント・ザイオンのゲートから園内に入り、ジョーイの墓まで徒歩10分弱。ニュージャージーには同名の墓地がもう1箇所あるので要注意
742 Rutherford Ave（Orient Way）Lyndhurst, NJ 07071

GABBA
GABBA
HEY
MA
JEFF
1 – APRIL 15, 2001
ON AND BROTHER
JOEY RAMONE
OLL HALL OF FAME
We love you!
Joey.

MAN
20, 2000
D NANCY
JEFF
DS
EAVEN
ARTH
D BLISS
ALL"
NOE
HY
MAY 19, 19
LOVING S
A. K. A
ROCK AND

ジョーイ・ラモーン、川崎クラブチッタにて(1994年2月9日撮影)

静寂のなかにジョーイの声が響き、想いに耽るだけの神聖な時間が流れていた。あの場所は、ジョーイのお墓の前はいつもそうだった。いつ行っても優しい時間に包まれる。一日中いられるほどリラックスできて、ジョーイと向き合える場所なのだ。

「日本からファンを連れてきたよ。来れない日本のファンのぶんもありがとう」

私は心のなかでそう言って、もう一度手を合わせた。青空と強い日差し、ジョーイの歌、緑の芝生、鼻をすする音。私は何も考えず、ただ静けさを感じながら、みんなとここに来れて本当によかったと思った。

これを書いているいまも、あのとき肌と心で感じたことはよく覚えている。芝生に座って一人ひとりがジョーイと向き合っていた。ニューヨークへ行こうなんて無謀なことかもと思ったけど、決心して間違いじゃなかった。でも、私たちを導いてくれたのはラモーンズのメンバーたちだったと思う。

アメリカンダイナー

ジョーイのお墓参りは本当に素晴らしい時間だった。みんなもそう感じてくれていただろう。ジョーイの声でよく覚えているのは「撮って。撮って」とファンとの写真を頼んでくるあの声だ。私がみんなを集合させて写真を撮る後ろにはいつもジョーイがいた。だからお墓の前でもみんなの集合写真を撮った。

1986年にマンハッタンのサイアー・レコードに忍び込み、最初にジョーイを見つけてジョーイファンの友達と写真を撮ったのが私のファーストフォトセッションだ。あのとき私はまだカメラマンじゃなかったけど、ジョーイとファンの写真はあれが最初の一枚。長身のジョーイが背の低い友達のために半分ぐらいまでさっとかがんでくれたこと、ポケットから私たちのためにバッジを出して「はい」ってくれたことはいまでも鮮明に覚えている。ジョーイはファンと写真を撮ることが好きだった。いつも嬉しそうな顔をしていたし、少なくとも日本ではそうだった。あのときから30年がたち、ジョーイとファンの集合写真はお墓の前になったけど、それでも撮れてよかった。

1時間以上、芝生に座ってジョーイのお墓やマンハッタンを眺めていた。そこにジョーイがいる感じがしていて、なんとも立ち去り難かった。私は旅の2日目でやりたかったことの半分はできたと満足していた。あとは4日目にジョニーとディー・ディーのお墓があるハリウッドフォーエバー・セメタリーにみんなを連れていければ気持ち的にはよかった。「そろそろ行きましょう」と促して、バス停に向かって歩きだす。墓地の前に50年代風のアメリカンなダイナーがあるのを思い出し、そこでランチをとることにした。

映画に出でくるような赤くてかわいいダイナーに入り、パンケーキとコーヒーを注文した。店員のお姉さんが私たちを見て「ジョーイのお墓参りに行ってきたの？」と聞くので、「そう。私たちは日本から来たラモーンズファンクラブのメンバーなの」と答えると「まあ、素敵」、お姉さんは明るく言った。パンケーキを運んでくるときには「アイ・ウォナ・ビー・シデーテッド」を歌ってくれて、まるでお誕生日のサービスみたいに他の店員も来て、大合唱になった。隣の席の子供が「なんで歌を歌ってるの？」とお母さんに聞いている。私が「ジョニーはいつも、ダイナーやカフェでストロベリーシェイクを頼んでいたよ」と教えると、みんなストロベリーシェイクを追加で注文。ここのストロベリーシェイクは苺とバニラアイスクリームがたっぷりでおいしかった。

おかげで楽しい気持ちでダイナーをあとにした。バス停で帰りのバスを待っていると、通り過ぎた車がUターンして戻ってくる。何事かと思ったら「俺も87年にラモーンズを観たぜ！」とひとこと叫んで去っていった。

マンハッタンに戻り、巨大バスターミナルの前にあるドイツのミリタリーショプに寄った。かつてジョニーとディー・ディーが革ジャンにつけるUSバッジを買った店だ。あのバッジは空軍兵士がつけていたもので、いまは生産終了となっている。でもたぶんラモーンズファンが買いにくるからだと思うけど、お店でちゃっかりレプリカをつくって販売していた。

2日目の夜は南米から戻ったばかりのCJとスクリーチング・ウィーゼルのライヴがあるので私たちは地下鉄で会場のアーヴィンプラザへ。ニューヨークでラモーンズのメンバーと会えるというのはクールなことだから、CJにリハーサルの前後にミート&グリートをお願いした。アーヴィンプラザに到着すると、いきなり裏の道からCJが登場。電撃再会にみんな驚いてしまい、まるで「待て！」と言われた飼い犬みたいに固まったまま動かないので、「ほらほら。会えて嬉しいって言わなきゃ」と促すと、スイッチが入ったみたいに揃って笑顔になって思い思いにツーショット写真を撮ってもらっていた。その後、CJのライヴまで自由時間にして解散した。ニューヨークでラモーンズの曲を聴くのは久しぶりだ。私は感慨に浸りながら少し歩いて写真の修行をしていたときに通っていたスタジオのあるビルを見あげた。

CJのこと

マンハッタンをぶらぶらし、お昼にダイナーで大きなパンケーキを食べたのに、もうお腹が空いたのでひとりでピザ屋に行った。CJのライヴは私たちがニューヨークに行くのに合わせてブッキングしてくれたものだった。だからその数日前まで南米をツアーしたオレンジカウンティのメンバーではなく、地元の仲間との即席バンドだったけど、それでもライヴを観せるために考えてくれたことがありがたかった。

1995年、行ったことのない場所に行きたいというジョニーの希望で日本公演は長いツアーを組んでいたので、私とファンクラブのスタッフとCJは長野県松本市でアルプスパークという公園に遊びに行った。ロングスライダーという長い滑り台で暇を潰し、そのあと芝生に座ってラモーンズ解散後のことを話した。「これからどうするの？」と聞くと、CJは「まだわからないけど……ロスグサノス（CJのバンド）で活動するよ」と答えた。ラモーンズから離れて少し休みたいと言っていた。

CJはラモーンズが終わった96年にメタリカからベーシストとして誘われていた。でも「もうバンドに途中から加入するのはいいよ」と、その誘いを断わり自分のバンドをスタートした。

ラモーンズ時代は常に〝あとから加入した末っ子〟のような扱いで、どこに行っても誰も自分をラモーンズのメンバーだと認めてくれなかったと吐露した。

「楽屋にいてもどこに行ってもみんなが会いたいのはジョーイやジョニーで、〝CJっていうんだ〟と俺が手を差し出しても誰も興味なさそうにしていた。何年たってもね」

この扱われ方が心のどこかにあったから、しばらくラモーンズとは離れたいと言ったのだ。そしてラモーンズは終わり、アートゥロのつくったイーグルロゴの権利も企業に奪われ、イーグルロゴの入った商品が世界に出まわり、ラモーンズを知らずにTシャツを着ている人が増えた。こうしたことに対してCJは疑問と不満を口にしていた。私も同じ気持ちだったから、CJの言うことはよく理解できた。いまのファンはカッコいい商品が発売されれば飛びついて買うけれど、CJや私はTシャツやグッズよりも音楽を大事にしてほしかったし、イーグルロゴをつくったアートゥロの気持ちも知っていたからロゴが入った商品の大量流通は私たちを不愉快にさせた。

22歳でラモーンズに加入したCJにとって、プロのミュージシャンとしての最初の時期を過ごしたラモーンズの存在は大きかった。友達みたいに音楽の話をしてきたジョーイ、親父みたいに強い存在だったジョニーに育て

若かりし日のCJ。川崎クラブチッタにて(1995年10月18日撮影)

てもらったという思いから、ラモーンズはサウンド第一、そして大事なのはファンという頑なポリシーがＣＪにもしっかり根づいていた。

だから、ジョーイやディー・ディー、ジョニーの死を境に、自分がラモーンズの素晴らしさを継承していくと決意し、ラモーンズの曲を演奏して世界をツアーするようになっていった。

日本にはラモーンズ以降、バッドチョッパーというバンドで２００２年に一度来ている。子供と時間を過ごしたいという思いから、一時期はミュージシャンとしての活動をやめていたけれど、２００９年ごろから積極的にＣＪラモーンとして活動をリスタート。２０１２年、ギター会社フィルモアの招聘で来日したときにファンクラブのために渋谷でライヴをやってくれた。２０１３年のフジロックに出演した翌日にもファンクラブのために都内でギターの弾き語りとトークショウをやってくれたけど、このときはジョーイやジョニーを思い出し、胸が詰まって歌の途中で下を向いてしまう場面もあった。

そんな活動を積み重ね、一つひとつを大切にしてきたから、ＣＪは単独ツアーも成功させることができたのだ。私はそんなＣＪに共鳴し、いまもファンクラブを続けている。存在しないラモーンズを少しでもリアルに感じてもらうため、難しいけれど続けている。ＣＪみたいな考え方の元メンバーがいなければ私は続けることはできなかったと思う。乱暴な言い方かもしれないけれど宣伝活動の窓口にはなりたくないし、ファンを大事にしないミュージシャンとは関わりたくなかった。これもジョニーから教わった考え方のひとつだから。

夜、ＣＪのライヴが始まった。南米帰りで少し声がかすれていたけど、日本から来た私たちはニューヨークでライヴが観られたということだけでも大満足だった。

郵便局

今回みんなを連れていった場所のひとつにオールドチェルシー・ステーションという郵便局がある。私がジョニーとよく待ち合わせをしていた郵便局で、よくふたりで話した場所だから何かエピソードを伝えられると思ったのだ。宿泊していたチェルシーのアパートメントホテルからもすぐ、ジョニーのアパートからも2ブロックという近さだった。局員に熱心なヤンキースファンがいたから、ジョニーは私書箱のチェックが終わるとほとんど試合の話ばかりしていた。私がその野球ネタに口を挟もうものならすぐにうるさく言われるので、郵便局で待ち合わせしても野球ネタでは余計なことを言わずに黙って聞いていた。

ジョニーが亡くなってから掲載されたロブ・ゾンビのインタビューに、「ある日、ジョニー・ラモーンを郵便局で見つけて以来、彼に会いたくて用もないのにその郵便局に通った」という一文を見つけ、私はクスッと笑った。あの郵便局の列のなかにロブ・ゾンビもいたのかと。ジョニーはツアーでニューヨークを離れていなければ、ほぼ毎日郵便局にいた。まだメールもLINEもない時代で、私とジョニーを繋いだものは手紙だった。

郵便局は外観が変わっていなくて当時のままだった。私とみんなが訪ねたときは野球が好きそうな局員はいなかったけど、私書箱の位置もジョニーが使っていた切手を貼るテーブルも以前とまったく同じで、凄く懐かしかった。どこにもいないはずのジョニーがふらっと入ってくるような気さえした。

みんなからのアイデアで、この旅の思い出に、この郵便局から日本の自宅にそれぞれ葉書を送ることになった。帰ったころには届くはずだ。みんなで街に出て絵葉書を買い、切手を貼って窓口から出す。ジョニーからの手紙に押されていた消印はこの郵便局のものがほとんどだったけど、自分がここから出したことはなかったのでなんだか新鮮だった。

取材のオファー

２日目の巡礼が終わりアパートメントホテルに戻ると日本からメッセージが届いていた。ニューヨーク在住の日本人向けの新聞、週刊ＮＹ生活が私たちの聖地巡礼ツアーを取材したいとのこと。連絡が日本経由になってしまい、ニューヨークにいるのはあと1日しかないけど間に合うかなぁと慌てて先方のオフィスにメールする。正直、アメリカのメディアに訴えたかったから日本の新聞からのオファーに少しがっかりしたけれど、小さな記事でも掲載されればいい記念になると思い直し、うまく繋がることを祈りながらベッドに入った。

翌朝、さっそく電話をすると運良く担当の女性が出て、オフィスのあるアップタウンの、メトロポリタンミュージアムで待ち合わせることにする。メトロポリタンミュージアムは49thストリートだから、私が「お昼にはその近くの53rdストリートと3rdの交差点に行く」と伝えると、そこで取材を受けることになった。

ニューヨーク最終日の予定は、午前中はセントラルパークのなかにある『トゥー・タフ・トゥ・ダイ』のジャケットを撮影したトンネルに行き、午後はクイーンズに向かう。クイーンズはラモーンズのメンバーが育った街で、彼らが通ったフォレストヒルズ高校もある。

地下鉄に乗ってセントラルパークに行き、地図をもらってトンネルを探す。ところがこの日、公園内はところどころ工事をしていて、コーンがずらりと並べられていた。私たちが探しているトンネルも工事していたらジャケットのような写真は撮れない。そんなことを気にしながら、トンネルを探したことがあるという会員の男の子とふたりで先頭を歩いた。３日目になるとみんな疲れから歩くのが遅くなり、私は途中で止まって待つことが多くなっていた。

20分ほど歩いてトンネルを見つけた。本当はジャケット写真と同じように青いライトを用意してバックにスモークを焚いて撮りたかったけど、そこまではできなかったのでフォトショップで処理することにした。みんなを立たせてみると、なかなかバランスが難しい。実際に立たないと絶対にわからないんだけど、ラモーンズのメンバーはみんな身長が高いため、頭からトンネルの天井の弧までが短くなる。でも日本人はそこまで高くないので、写真のフレーミングに大きなスペースができてしまうのだ。ジャケット写真の通りにシルエットはつくれたが、天地と左右のバランスと横幅のバランスが違い、アレレ？　という感じ。

それでも革ジャンを着込んだみんなが立つとそれっぽくてカッコよかった。「リッチーの脚はちょっと曲がっているんだ」とかマニアックなツッコミを入れたりして楽しく撮影した。『トゥー・タフ・トゥ・ダイ』はラモーンズの後期のアルバムのなかでも人気が高い作品だし、ジャケットもカッコよかったからみんなここで撮りたかったみたいだ。

初日のピザ屋ではラモーンズTシャツを着た店員のお兄さんがBGMにラモーンズをかけてくれ、２日目のダイナーではお姉さんたちと「アイ・ウォナ・ビー・シデーテッド」の大合唱になり、３日目のセントラルパークでは他のトンネルに並べられていた工事用のコーンはここにはひとつもなかった。まるで私たちが写真を撮るのを知っていたかのように。こんなふうにこの旅で私たちはウエルカムされ、すべてがスムーズに進んだ。何もかもミラクルだと思った。

昼に週刊ＮＹ生活の記者と待ち合わせをしていたので、地下鉄でメトロポリタンミュージアムに向かった。待ち合わせの５分前に到着したのに10分たっても誰も来ない。あまりここで時間を無駄にしたくないので電話をす

上：8thアルバム『トゥー・タフ・トゥ・ダイ』のジャケットのロケ地はセントラルパーク内「65 St. Transverse」付近の「Playmate Arch」というトンネル（2016年9月23日撮影）
下右：8thアルバム『トゥー・タフ・トゥ・ダイ』（1984年10月1日発売）
下左：ラモーンズの歌になったマンハッタンの交差点、53rd & 3rd。かつては男娼が立っていたスポットると、私が待ちあわせの場所をメトロポリタンと間違えてＭＯＭＡで待っていることがわかった。記者はすぐにこっちに来てくれて、次に行く53rd & 3rdの交差点まで歩きながら取材を受けることになった。

記者は女性で、6月にクイーンズミュージアムで開かれたラモーンズエキシヴィジョンに行ったと言っていた。会場に日本のツアーポスターやチケット、フライヤーや雑誌の記事が展示されているのを目の当たりにして、日本でとても人気の高かったバンドであることを初めて認識したそうだ。「だから、もうバンドがないのにファンクラブがいまだに存在し、ニューヨークまで聖地を見に来るファンがいると知って実際に会ってみたいと思ったんです」と言ってくれた。「ラモーンズの魅力は？」というシンプルな質問に参加者一人ひとりが答え、53rd & 3rdで写真を撮ってもらい、取材は終わった。

フォレストヒルズ高校

53rd & 3rdからラモーンズの生まれ故郷、そしてメンバーが出会った高校があるフォレストヒルズに向かう。取材のため時間が少し押していたので私は鬼軍曹っぷりを発揮し、「ランチは抜きにします。チョコバーでも食べといて！」と命じてとにかく地下鉄に乗った。早くフォレストヒルズに行きたかった。ニューヨークの最終日だったし、高校見学のあとはクイーンズミュージアムの前にあるフラッシング・メドウズ・コロナ・パークに行かなければならなかった。ちょうど前の週までテニスの錦織圭選手が試合をやっていたその公園には巨大な地球儀のランドマークがあり、その前でラモーンズは「エア・ウェイブス」のＰＶ撮影をしていた。そこで記念撮影したいというメンバーがいたので暗くなる前に到着したかったのだ。

フォレストヒルズをよく知っている私は煉瓦造りのアパートのあいだをさくさく歩いて高校を目指す。クイーンズの街には坂道もあって、みんなついてくるのがやっと。声をかけて励ましながら15分ほど歩くとフォレストヒルズ高校が見えてきた。

予定より少し遅れて高校に到着すると、ちょうど授業が終わって生徒がぞろぞろ出てきたところだった。校舎の前には芝生が広がっていて、生徒が背中のリュックを下ろして座ってのんびりしている。革ジャンとラモーンズTシャツ姿のアジア人の集団はちょっとばかり異質だったけど、みんな3日間の旅の疲れとニューヨークの残暑にやられて倒れ込むように芝の上に体を落とした。

そんなみんなを残し、私は校内の様子を調べるためにまた歩きだした。芝生のまわりにはセキュリティがいたから部外者の私たちが注意される前になんとかしなければならない。リュックから教科書とノートを出して芝生の上で勉強を始めた生徒に「フォレストヒルズのなかに購買部ってある？　私は日本人だけど、フォレストヒルズの名前が入ったノートやマーチャンダイズは買える？」と聞くと、「なかに入れば買えるわよ」と教えてくれた。でも、高校生でもない私たちが無断で入れるわけがなく、パスをもらおうと私は校舎に向かった。

受付のお姉さんに「私は日本のラモーンズファンクラブのリーダーなんだけど、ラモーンズのメンバーはこの学校に通っていたの。それで見たくて日本から来たんだけど」と説明すると「ジョーイ・ラモーン？」と言ったので、これは話が早いと思い、「そうそう。ジョーイ・ラモーン。日本にはいまもファンクラブがあってラモーンズは凄い人気なの。それで私はここまで来たからTシャツや鉛筆やノート、なんでもいいからフォレストヒルズ高校と名前が入ったものを買って日本にもって帰りたい。購買部で買わせてくれないですか？」と聞いた。お姉さんは理解してくれたが、「わかったけど、私は〝イエス〟と言える立場じゃないから、ちょっと待ってて。聞いてみるから」と言って誰かに電話をかけた。

数分後、女性がやってきて「あなたが日本から来た人?」と聞くので「そうです。私はこの学校の出身のラモーンズというバンドのファンクラブを日本で20年以上やっている」と説明した。「それでどうしたいの?」と聞かれたので「マーチャンダイズがほしいの。私がここまで来たのは、日本でラモーンズの音楽を聴いて育ってきた私たちにとって、ここが歴史のスタート地点だからなんです。そしてその高校に行ってみたいという気持ちがあったから。〝フォレストヒルズ〟という言葉には、とてもポジティヴなエネルギーがあると思っています。だから何か記念になるものを買って帰りたいんです。日本にフォレストヒルズなんて名前の街はどこにもないし、ましてやキーチェーンやTシャツなんて存在しないから」と大きな声で再度説明した。

するとその女性は受付から校長室に電話した。彼女は校長の秘書だった。電話を切った秘書が「校長が話を聞くと言ってるから、校長室に行きましょう」と言ったので「待って。外にファンクラブのメンバーが10人いるの。呼んできていい? お願い!」と畳みかけると「10人も?」と驚いていた。私はかまわず外に飛び出し、歩き疲れて芝生に座っているみんなに「みんな立って。早く来て! なかに入るから」と叫んだ。みんなびっくりした顔で立ちあがり、走ってきた。

秘書はラモーンズのTシャツを着たみんなの姿に呆気にとられた顔をしたけれど、もう入れると言っちゃったし、ラモーンズファンなのは嘘ではないだろうと思ったのか、「ついてきて」と言って歩きだした。秘書の背中を追いながら、みんな心のなかで超エキサイトしているようだった。高校の廊下は、ラモーンズが出演した映画『ロックンロール・ハイスクール』の冒頭のシーンに出でくるあの廊下のようにロッカーが並んでいた。ワォ! ここがフォレストヒルズ高校の廊下かぁと感動した。そしてみんなは会議室に通されて「ここで待っているように」と言われ、私はひとり校長室に案内された。校長先生はちょっと怪訝そうな顔で私を見ていたけど、ここは言ったもん勝ちと思い、私はさっき秘書の人に言ったことをもっと強く言った。

「私たちがここに来ることは人生でもうないと思う。私たちにとってフォレストヒルズ高校はアクションを起こすスタート地点であり、ポジティヴなパワーをもった場所なんです。ずっと日本でそう思ってました。だから来ました。明日、ニューヨークを離れるから、なんでもいいから記念にもち帰りたかった。鉛筆でもなんでもいいので何か買わせてください！」

はっきりとノンストップでこう訴えた。椅子に座って腕組みをして聞いていた校長先生は私の話が終わると静かに頷き、受話器をとって誰かと話を始めた。電話の途中で私を見て「何人？」と聞くので、私とみんなを合わせた人数11を伝え、電話が終わるのを待った。「いまTシャツをもってくるからさっきの部屋で待っていなさい。それから、これもあげよう」と言って引き出しからFOREST HILLS HIGH SCHOOLと印字された名札用のストラップを出して11本くれた。やった！

会議室に戻り「お土産、ゲット！」と調子に乗ってみんなに見せると大騒ぎ。迷惑な軍団（笑）。高校生の息子をもつお母さんの参加者が「こんな見ず知らずの人間たちを学校のなかに入れてくれるなんてありえない。しかもアメリカで。銃を所持しているかもしれないし、危ない人たちかもしれないのに。日本だってありえない」と驚きを隠せない様子で話すのをみんな頷きながら聞いていた。しばらくすると秘書が箱をもってきて、なかからフォレストヒルズ高校のTシャツを出してくれた。「これは20ドルするけれど……」と遠慮がちに言ったので、「もちろん買います！」と言ってみんなで購入。しかも、それはフォレストヒルズ高校創立75周年記念Tシャツで、私たちにとってはラモーンズのメンバーが通っていた期間も含まれる重要な意味をもつTシャツだった。校内に入れてもらい、さらには名札用のストラップと入手困難な記念Tシャツもゲットするというラッキーな体験をした私たちは、秘書と一緒に写真を撮ってフォレストヒルズ高校をあとにした。

外に出てからもみんなは大騒ぎしていた。私はつたない英語で3度も想いを伝えてどっと疲れてしまい、どこ

上：フォレストヒルズ高校の会議室で秘書と記念撮影をする参加者たち（2016年9月23日撮影）
下：フォレストヒルズ高校。2016年の秋に同校の前の道が「ラモーンズ・ウェイ」と命名された。マンハッタンからは地下鉄EFMRのどれかに乗り「Forest Hills 71Av」で下車
67-01 110th St, Forest Hills, NY 11375

かでクールダウンしたくて、みんなを連れて古びたドーナツ屋に入った。店に入ったら入ったで、このドーナツ屋は古いから、きっとジョーイやジョニーも来たに違いないという話になってみんなはまた盛りあがる。朝から何も食べていなかったことを思い出し、椅子にもたれて大きく息を吐いた。またミラクルで凄い体験ができた。ラモーンズが70年代に歩いた高校の廊下を私たちも歩けたのだ。

虹と地球儀

フォレストヒルズ高校での体験は偶然じゃない気もしていた。私が待ち合わせ場所を間違えて53rd & 3rdまで取材を受けてから移動したので、フォレストヒルズに到着するのが遅れた。でも下校時刻に重なったので校舎のなかには生徒がいなくなり、部外者を入れるタイミングとしては悪くはない。金曜日の午後だったのもきっとよかった。7月まで開催されていたクイーンズミュージアムのラモーンズ展のことを校長先生は知っていたのかもしれないし、学校の前のストリートが年内に〝ラモーンズウェイ〟と命名されることが決まっていたことが影響した可能性もある。とにかくいろんなタイミングが絶妙に重なって、私たちはフォレストヒルズ高校のなかに入れてもらえた。現役時代だったら校長先生にまで届かなかったであろうラモーンズの名は、歳月とともに歴史の一部になり、いまではちゃんとニューヨーカーに認知されている。

ドーナツ屋でひと息ついて、メンバーが住んでいた集合アパート、ソニークロフトに行った。映画『エンド・オブ・ザ・センチュリー』の冒頭のシーンでトミーが歩く煉瓦のアパート街だ。映画が公開されたときにはただのアパートだったけど、いまはラモーンズの壁画が描かれていて、私たちにはさらに意味のある場所になった。

ジョーイの母親が働いていたクイーンズブルバード沿いにある画廊（現在は法律事務所）も発見。この画廊の地下でメンバーは練習していたのだ。地下室は外から見ると凄く狭そうな感じだ。背の高いジョーイにはきっと窮屈だから「アイ・ドント・ウォナ・ゴー・トゥ・ベースメント（地下室には行きたくない）」なんて曲が生まれたのかな。１９７４年ごろに画廊の前の道を歩くと、へたくそな「ブリッツ・クリーグ・バップ」が聞こえてきたのかな——。そんなふうに現地に来て想像するのは楽しい。ソニークロフトからこの地下室までは歩いて数分。昔ひとりで来たときよりもクイーンズが身近に感じられた。

そこからニューヨーク最終日のもうひとつの目玉、フラッシング・メドウズ・コロナ・パークに向かった。徒歩20分ほどの距離のはずだが、みんな疲れて足が動かないと根をあげた。スケジュールに無理があったかもと少し反省し、乗り合いタクシーのUberを3台呼んで、地球儀のある公園にみんなバラバラで到着した。地球儀は思っていたよりも大きく見えた。私は90年代にも来たことがあったけど、あのときよりも大きく感じるのはなぜだろう。ＰＶで「エア・ウェイブス」を歌うジョーイの位置にみんなを立たせて楽しく撮影していたら、地球儀の端に虹が出た。「シー・トークス・トゥ・レインボウズ」が頭のなかに流れ、虹もフレームに入るように撮った。

撮影しているとラモーンズのTシャツを着た通行人の女性に声をかけられた。「セントラルパークのトンネルには行った？」と聞かれ、「もちろん」と答える。たったそれだけの会話が嬉しくて彼女とも記念撮影をしてしまった。この3日間、何人に声をかけられただろう。おかげで私たちはニューヨークに手厚く歓迎されているような気持ちになれた。

その後、最寄りの地下鉄駅、メッツ-ウィレッツ・ポイントで解散し、自由行動にした。ジョニーと同じで大の野球ファンの私は、ニューヨーク最後の夜をニューヨークメッツのホーム球場のシティフィールドで過ごした。ジョニーとメッツの試合を観戦したことはなかったが——。同じくクイーンズにあったメッツの前の球場、シェ

上：「エアウェイヴス」（6thアルバム『プレザント・ドリームス』収録）のPVより
左：ジョーイの母親が働いていた画廊の跡地。ここの地下室で黎明期のラモーンズは練習をしていた。現在は法律事務所になっている（2016年9月23日撮影）
98-87 Queens Blvd, Rego Park, NY 11374
下：フラッシング・メドウス・コロナ・パーク内にある地球儀の前で（同日撮影）
マンハッタンから地下鉄7系統でニューヨーク・メッツの球場があるメッツ-ウィレッツ・ポイント駅で下車すると地球儀が見える

イスタジアムは１９６５年にビートルズがライヴを行ない５万６０００人の観衆を魅了した場所。そのビートルズに向かって、当時16歳のジョニーは観客席から石を投げていたそうだ。好きなバンドなのになぜだろう。女の子に人気があったから面白くなかったのかな。

移動日

ニューヨークの３日間は無事に終わりつつあったけど、その夜、私が一番気にしていたのは、ニューヨークからＬＡの移動手段だった。出発は早朝だったので、無事に終えないとＬＡのスケジュールは全滅だ。それに今回、この移動をイチかバチかでニュージャージー経由にしたのには理由があった。ニュージャージーのニューアーク・リバティー国際空港にＣＢＧＢのレストラン（CBGB L.A.B.）があると聞いていたからだ。まあ、どうせたいしたレストランじゃないだろうとは思ったけど、でも空港のなかでＣＢＧＢのロゴ入りＴシャツが買えるのは楽しいし、お土産もゲットできそうだ。このレストランが空港のどのターミナルにあるのかを調べると、なんと私たちが利用するターミナルＣにあることが判明した。

空港に朝６時に着いていなければならないので、マンハッタン発はその1時間前。シャトルの予約が必要だった。でも私はシャトルにいいイメージをもっていなかった。運転は荒いしドライバーはテキトーな人が多くて時間通りに来ない。私たちが泊まっているアパートメントホテルは表に目立つ看板があるわけではなく、ちゃんと場所を見つけてくれるかがまず心配だった。見つからなかった場合、「誰もいなかったから帰った」と平気で言い訳しそうな気がした。私がニューヨーク生活で学んだ一番大事なことはリスクマネージメント。痛い目に遭うのを避けるため、「24日の朝は5時にはアパート前にいて」と2度も3度もメールで念を押した。

翌日、まだ真っ暗な午前4時45分に荷物をガラガラ運んでアパートメントホテルの外に出ると、目の前にシャトルのロゴが入ったバンが待っていた。運転席を覗き込むとエンジンをかけっぱなしでドライバーが寝ている。運転席の窓を指でコンコンと叩くと「オー、ハイ」と目をこすりながら起きた。「何時に着いたの?」と聞くと、「3時半からいたよ。時間が余っちゃってさ」と言う。心配は無用だった。ひとり旅なら飛行機に乗り遅れたりレンタカーが壊れたりしても根が楽天的なので、「まあ、どうにかなるだろう」と気にしない。でも今回は私が引率する旅だから、どうしてもあれこれ考えてしまった。

無事空港に着いた私たちはCBGBレストランで朝食をとり、飛行機に乗った。目指すはカリフォルニア。車がなければ身動きできないLAの初日の運転を誰にやってもらうか——。モズライトUSAの社長に相談すると、レンタカーの手配をしてくれ、運転はムサシ君という日系の友達にお願いすることになった。私はムサシ君に大事なリクエストを忘れなかった。空港で私たちを乗せるとき、BGMは大音量で「カリフォルニア・サン」をかけてね! と。ラモーンズフレーバーたっぷりのニューヨークからムードが一転するLAで、みんなのテンションを下げず、アメリカをドライブする楽しさを味わってもらおうと考えていた。ムサシ君は約束通り「カリフォルニア・サン」をかけながら空港に到着。LAも楽しい旅になりそうな予感がした。

ジョニーがやり残したこと

「カリフォルニア・サン」を流しながら青い空とパームツリーのLAの街を走るのは爽快だった。私たちはまず

LAの楽器店ギターセンターにあるメンバーの手形。1995年のラストショウの前日に制作(2016年9月24日撮影)
7425 Sunset Blvd Hollywood, CA 90046

ギターセンターという巨大な楽器店に向かう。ここには１９９６年のラストショウの直前につくったラモーンズの手形のレリーフがある。つくった当時は「まるでハリウッドスターみたいなことをしているよ」と言って面白がって笑っていた。だって手形なんてロックっぽくなかったし、遊びみたいに見えたから。

でもメンバーが亡くなってから、この手形は彼らが生きていたことを感じられる貴重なアイテムのひとつになった。時間がたつと物の価値も変わるということを初めて知った。「右に傾いてギターを弾くジョニーの靴の底の右側がすり減っているかどうか知りたい」と若いファンに言われて驚いたのと似ていた。

ハリウッドフォーエバー・セメタリーでジョニーとディーディーのお墓参りをして、ホテルにチェックインする予定。朝４時半から移動する長い一日だったので、自由時間をつくり休んでもらおうと思っていた。寝不足と歩きすぎでみんな疲れていたから、チャイニーズシアターという観光地のど真ん中のモーテルを予約した。そこからなら車社会のＬＡでレストランやショッピングモールに歩いていけるので、たまにはラモーンズとは関係のない観光をして気分転換もできるはずだ。

ＬＡには正味２日間の短い滞在。初日はギターセンターに行き、スープとサラダの食べ放題のレストランでランチをした。日本にはない、ワクワクするようなお店を敢えて選んでみた。ラモーンズのアメリカを楽しんでもらいたかったから、ギターセンターをあとにした私たちは、ジョニーとディーディーのお墓があるハリウッドフォーエバー・セメタリーに直行した。お花を買い、日本でつくったメッセージカードとフラッグをもって。この墓地はとても広いから園内は車で移動する。ドライバーのムサシ君に指示を出しながらジョニーの銅像を目指して車を走らせた。ジョニーのファンは「ついにここに来ることができた……」と、車内ですでに涙ぐんでいた。車の窓からジョニーの銅像が見えてきた。

女の子たちが泣きながら車を降りた。ジョーイのお墓のときと同じようにみんな近づくことができず、しばら

JOHNNY RAMONE
(BORN-JOHN CUMMINGS)
LEGENDARY GUITARIST FOR THE
RAMONES
BORN-OCT. 8, 1948 DIED-SEP. 15, 2004
HEY HO LET'S GO
NY & LA TOUR
Ramones FC Japan

くじっと見ているだけだった。ここに何度来てもジョニーと向き合えている実感をもてなかった私だったが、ファンのみんなと一緒の今回は少し違った。銅像はファンの心のよりどころのためにつくってくれた。だから、もっとも理想とするシチュエーションは銅像の前にファンがいることだ。

ジョニーのお墓は進化し、以前はなかったロゴ入りの囲いと鎖が銅像のまわりにつくられていた。抱きつくファンがあとを絶たないからだろう。きっとジョニーは抱きつかれて喜んでいたと思うけど。

私は心のなかでジョニーに「日本のファンを連れてきたよ。それにニューヨークで聖地巡礼ツアーもしてきたんだよ」と伝えた。女の子たちは泣いていたけど、私はジョニーの墓前だから冷静に報告した。このときだけはメッセージが届いた気がした。

ジョニーは亡くなる直前までジョニー・ラモーンのままだった。それは『I Love RAMONES』にも書いたけど、ここに大事な話をもうひとつ書いておこう。

ジョニーは亡くなる3カ月前に昏睡状態で集中治療室に入ったが、1週間後に奇跡的に意識を回復して自宅に帰ることができた。その後の話をモズライトUSAの社長のオカベ ジローさんが語ってくれた。少しつらいエピソードだけど……。

「俺はユキさんみたいにジョニーと長い付き合いがあるってわけじゃなかったから、ジョニーの性格もよくわかっていなかったんだ」と社長は話し始めた。「ジョニーから電話があり、〝話があるから会おう〟と言われて待ち合わせの場所に行くとジョニーが現れた。ジョニーは帽子を被っていた。そして〝頼みがある〟と言った。ジョニー・ラモーン・モデルのギターのピックガードをなるべくたくさんもってきてほしいというリクエストだった。そして〝自分はいまシリアスな病気だから、ファンのためにそこにサインを書いておきたい〟と言った」

社長は苦しそうに続けた。「そのリクエストに〝はい、わかりました〟と答えてしまったら、すぐ死ぬことを

右頁：ジョニーの墓（2016年9月24日撮影）
ハリウッドフォーエバー・セメタリーの公式ウェブサイトから名前で検索すると墓の場所がわかる
http://www.hollywoodforever.com

ジョニー・ラモーン、中野サンプラザにて。革ジャンは、スタートから数曲目「ロックンロール・ハイスクール」のドラムのイントロで脱ぐのがルーティンだった（1993年1月9日撮影）

ジョニー・ラモーン、川崎クラブチッタにて(1994年2月2日撮影)

認めたみたいになってしまうから、どうしてもオーケーと言えなかったんだ。だから〝ジョニーさん、もっと長生きしてくださいよ。治ったら何枚でももっていきますから〟と言ってしまった。ピックガードにサインをしたいという想いを叶えてあげられなかったんだよ」

ジョニーは死ぬ間際まで、ジョニー・ラモーンとしてファンのために残せることをやりたかったのだ。

「それはもう仕方がないし、それでよかったと思う」と私は言った。社長が話してくれたからジョニーの最期の気持ちがわかった。サイン入りのピックカードが世に残らなくても、ファンがこのことを知ってくれればジョニーの気持ちは無駄にはならない。バンドのメンバーにとっては鬼軍曹だったけど、ファンが一番という彼の考えは死が目前に迫った状況でもまったく変わらなかった。ジョニーは死ぬまでジョニー・ラモーンだったのだ。

ディー・ディーの面影

ディー・ディーのお墓に花を供えて手を合わせた。ディー・ディーの妻バーバラがアルゼンチンに帰ってしまったせいか、誰も掃除している様子がなく、ゴミや落ち葉だらけだった。ファンたちは、その荒れっぷりもディー・ディーらしいと妙に納得していたけど、ラモーンズの核だった優れたソングライターのお墓がそんな状況だったことが私には少し残念だった。ディー・ディーの曲があったからラモーンズは輝くことができたのだから。

ジョーイのお墓は神聖な空気があったけれど、LAのふたりのお墓はしんみりとするようなムードではなく、青い空とパームツリー、まるでヴァケーションのようなシチュエーション。この墓地ではよくイベントも開催されていた。ジョニーの好きだったホラー映画をみんなで観る夜とか、いかにもハリウッドらしい催しが行なわれ

左頁：ディー・ディーの墓（2016年9月24日撮影）
ジョニーの墓とは徒歩数分の距離で、公式ウェブサイトから名前で検索すると場所がわかる
http://www.hollywoodforever.com

I FEEL SO SAFE FLYING ON A RAY
ON THE HIGHEST TRAILS ABOVE
Douglas Glenn Colvin
Sept. 18, 1951
June 5, 2002

ディー・ディー・ラモーン、ハリウッド・ダウンタウンにて（2000年5月31日撮影）

ていたので、想いに耽るという感じではなかった。それでもファンのみんなと、ふたりに会えてよかった。ジョニーとディー・ディーはラモーンズをスタートする前、同じ工事現場で働いていて、仕事帰りにアーミーショップでＵＳバッジを買ったりギターショップを覗きに行ったりしていた。今回の旅でニューヨークのフォレストヒルズ高校を訪れ、ＬＡでふたりが眠る墓地に来た私は、友達同士の歴史の始めと終わりを一気に見たような気がした。

一番大事なお墓参りを終え、夕方以降はフリータイムにしていた。引退後のジョニーもドジャースタジアムによく通っていたので、夜はオプションでメジャーリーグ観戦をつけた。４人が一緒に行くことになり、少しのんびりとした一日になるはずだった。ところがＬＡに到着すると、ＬＡ在住のリッチー・ラモーンがライヴをやることがわかってフリータイムは一瞬で消え、みんなでライヴハウスに行くことになった。たった5日間の聖地巡礼ツアー中、ニューヨークではＣＪのライヴを観て、ＬＡではリッチー・ラモーンのライヴを観ることができるという嬉しいハプニング。しかもチケット代はたったの10ドル。まさにファンにとってはグッドラックだ。

私はドジャースタジアムのチケットを購入していた（優勝がかかった試合だったのでこの日のチケットは完売していた）が、なんとライヴハウスがスタジアムから車で5分のところだと知り、試合が終わってからライヴに行くことにする。そんなわけで、朝5時から動いている私たちは時差で時間が戻っていることも考えると西海岸時間で前日の深夜2時から起きっぱなしの状態。テンションは否が応にも上がったまま、夕方からゆっくりする予定がまたしても濃厚な展開になっていった。

ドジャースタジアムでは私が死ぬまでに一度は見てみたいと思っていた投手、クレイトン・カーショーがケガから復帰して投げ勝った。ラモーンズとは無関係だが、こんなところにもミラクルがあった。

試合後、ライヴハウスに移動、リッチーのライヴも最初から観れた。私は２０１６年5月に下北沢で行なわれたリッチーの初来日公演を観ていたけれど、そのときのライヴよりもグルーヴが増していた。終演後、リッチーに「日本公演よりもよかったし、新曲もカッコよかった」と伝えると「本当に？」と少し疑ったような顔で笑った。ラモーンズのメンバーとして現役時代に来日をしたことがなく、メンバーが亡くなったのち、25年ぶりにファンの前に登場した彼に対して世界中のオールドファンは好い印象をもたなかった。私も同様だった。リッチー脱退から引退宣言をするまでのプロセスを見てきた私には、ラモーンとしての再登場をすんなりとは受け入れられなかったのだ。体調不良で楽屋にこもっていたジョーイのことや、リーダーとしてジョニーが踏ん張っていた94〜95年ごろの楽屋の風景がちょいちょい頭に浮かんで、なんだかなと思った。でも、ラモーンズでリッチーがいい曲を書いていたのは事実だ。ライヴでは何曲かを歌い、ラモーンズに新たなエッセンスを注入したのは間違いない。ＬＡのライヴハウスでラモーンズソングを楽しむファンを見たときに、ＣＪやマーキーとまったく別のスタイルでも、彼がステージに立つ意味はあるのかもしれないと、ふと思えた。

ロックンロール・ハイスクール

ＬＡでの滞在のために私がセレクトしたモーテルは、アメリカの田舎町にある1泊50ドルみたいな安宿ではなく、世界的観光スポットのチャイニーズシアターの近くにあるので宿泊代は高かった。でも、車社会のＬＡにありながら歩いて遊びに行ける利便性は捨て難く、グーグルマップでそのモーテルと近所のレストランの雰囲気を確認して予約した。ラモーンズもアメリカ国内はモーテル泊まりのドサまわりのようなツアーをしていたので、ファンのみんなにもモーテル泊を体験してほしかった。アメリカツアー中のジョニーから私に届いた手紙がモーテルの封筒に入っていることもよくあったから。

このツアーの最終日であるLA2日目、まずはラモーンズが出演した映画『ロックンロール・ハイスクール』で主役の女の子リフがラモーンズのチケットのためにビーチチェアを置いて1週間並び、ラモーンズがピンクのキャデラックで登場する場所、マヤンシアターの前に行き、その後、グラミーミュージアムで開催されているラモーンズ展を観る。そして夜は「R.A.M.O.N.E.S.」という曲を書いてくれたモーターヘッドのレミー・キルミスター御用達のロックなレストラン、レインボウグリル&バーで最後の晩餐をするというスケジュール。このレインボウグリルはレッド・ツェッペリンからザ・フーまで錚々たるバンドがVIPシートに座ってピザを食べていた店で、私たちにVIPシートは無理だけど、その有名なピザを食べてみようという趣向だ。

モーテルの最寄りの駅ハリウッド/ハイランドから地下鉄に乗ってマヤンシアターに向かった。私は車の運転が好きなので、これまでアメリカにいるときもニューヨーク以外の都市では地下鉄に乗ったことがなかったが、初めてトライしたLAの地下鉄はとても快適だった。車内も駅も清潔で、東京の地下鉄に近い印象だった。

マヤンシアターは1927年にオープンした劇場で、現在はナイトクラブやライヴハウスとして営業している。聖地巡礼ツアーの参加者は皆、『ロックンロール・ハイスクール』のラモーンズが出てくるシーンを目に焼きつけていたので、マヤンシアターをすぐに見つけることができた。以前に訪れたことがあるというファンもいたけれど、「こういう場所はひとりで来て眺めて帰るより、大勢のファンと来たほうが楽しい」と言っていた。

それこそが聖地巡礼ツアーの真骨頂だ。自分が大切にしている価値観を共有できる仲間と一緒にその場所に立つ。それがどれだけ大事なことなのか、私も今回の旅をつくってみて初めてわかった。だって、私たちが巡礼する場所は、壁や交差点やブティックの裏路地、トンネルやアパートのビルや郵便局――。ふつうの人にはその価値が理解できない、およそ観光とは無縁の場所だ。そんなところを見るために大金を払ってニューヨークやLA

左頁：映画『ロックンロール・ハイスクール』の撮影で使われたマヤンシアター。
現在はナイトクラブ「ザ・マヤン」として営業（2016年9月25日撮影）
1038 Hill St, Los Angeles, CA 90015

PRESENTS
THE PARTY
FOR EVERYONE
@THEMAYANLA

に行くことがどれだけ重要かなんて、ラモーンズに興味のない勤め先の人や家族はわかってくれない。

マヤンシアターの前に到着すると、みんなは興奮して大騒ぎになった。マヤンシアターの外見は映画撮影時とほとんど変わってなくて、ピンクのキャデラックに乗ったジョーイがチキンを投げ捨てるシーンの背景に写っている駐車場の管理人の小屋まで現存していた。時計も同じ場所にあったし、ラモーンズがキャデラックを降りた場所に植えられていた木は、映画が撮影された1979年から37年ぶん生長していた。そんなことも面白くて、みんなはYouTubeにアップされた映画のシーンをスマホで見ながら、あれこれ確認していた。

ここでリフ役の女優P・J・ソールズに登場してもらいたくて、私は彼女のエージェントに手紙やメールを送っていた。Facebookにもメッセージを送ったけれどタイミングが悪かったのか、返事はなかった。リフが来てくれたら、ここにビーチチェアを置いて、みんなで記念撮影をしたかったのだ。

そこまでこだわれば楽しさも倍になる。それをわかってくれる人たちと来ているからやりがいはあった。みんなは映画のなかのラモーンズと同じポーズで撮影しまくり、私が呆れるほどラモーンズになりきっていた。ラモーンズになりたい——。これはこのバンドのファンの〝あるある〟だと思う。

マヤンシアターを堪能したのち、グラミーミュージアムに向けて歩いた。広いLAにいて徒歩で移動できるのはとてもラッキーだった。地下鉄の駅はどこにでもあるわけじゃないのだ。お腹が空いたので隣のビルのきれいなメキシカンレストランに入った。ラモーンズは『アディオス・アミーゴス』というタイトルのアルバムをつくっているぐらいメキシカンが好きだったので、これもよかった。

グラミーミュージアムのラモーンズエキシヴィジョンは、セットリストや革ジャン、ジョーイの眼鏡やパスポートなど、ステージに関するアイテムからメンバーの私物まで、バラエティに富んだ展示になっていて見応えがあった。展示品のひとつに楽屋に用意するもののリストがあり、そこにユーフードリンクの名を確認できたのが個人的には面白かった。グラミーミュージアムでの展示を観て、いつかドイツのラモーンズミュージアムにも行ってみたいと思った。

レミーのアパート

ラモーンズエキシヴィジョンを観賞後、地下鉄でモーテルに戻った。ディナーを食べるレインボウグリル&バーに行くまで時間があったので、しばし観光することにした。ホテルに戻るとLAの友達から連絡があり、「私も今夜レインボウグリルに行くよ。その前にジョーン・ジェットが住んでいた家とレミーの家も巡礼しない?」と、面白い提案をしてくれた。彼女は20年以上も前からの友達で、東京では家も近く、同じ出版社で働いていたこともあった。LAに長く住んでいて、実はランナウェイズと親交が深く、エネルギッシュでユニークな女性だ。私には元気な女友達がとても多い。今回の聖地巡礼ツアーの参加メンバーはモーターヘッドも好きな人が多かったので、みんなで行くことにした。車を呼んでサンセットストリップに向かった。

映画『ロックンロール・ハイスクール』では、午前中に行ったマヤンシアターでラモーンズがやってきて入場するまでを撮り、ライヴシーンはサンセットストリップ沿いにあるロキシーシアターというライヴハウスで撮影している。ロキシーの隣がレインボウグリルだ。途中、ラモーンズがよくサイン会をしていたタワーレコードのサンセット店(いまは看板だけ)も発見。アメリカのタワーレコードは全部閉店してしまったけど、このサンセット店はかつてチェーン最大の売り上げを誇る店舗で、数多くのハリウッドセレブやミュージシャンも訪れ、シンボリックな存在だった。車だとあっという間に通り過ぎてしまい、残念ながらみんなに説明はできなかった。

レインボウグリルに行く前に、友達とみんなでプチ聖地巡礼ツアー。まずはジョーン・ジェットが住んでいた家に行き、「ドラッグと酒でふらふらの彼女をこの家まで送り届けたわ」という彼女の証言を聞いて、次はレミーのアパートへ。私はドキュメンタリー映画『極悪レミー』を観ていたので、劇中に登場するレミーのアパートはとてもリアルに感じた。アパートはレインボウグリルから徒歩5分のところにあり、毎日あそこに通ってジャックダニエルをコークで割って飲んでいたんだなと肌で感じた。部屋は売り出されていて、それは少し寂しかった。

レインボウグリルに着くと友達が予約してくれていたのが、なんとＶＩＰ席だった。ツェッペリンやフーも座ったあの広い席でピザを注文。ニューヨークのダイナー以降、ジョニーがよく飲んでいたストロベリーシェイクを注文する参加者が増え、彼らはここのバーでもこだわってストロベリーシェイクを注文していた。ピザを食べながら、友達が連れてきたボーイフレンドの「俺、ラモーンズのＰＶに写っているんだ！」という羨ましい思い出話を聞かせてもらったり、レミーの銅像を写真に収めたりしながら最後の晩餐を楽しんだ。出入りも自由なバーだから、隣のロキシーの前で写真を撮ったり、外のラウンジで初対面の地元のアメリカ人とロック談義に花を咲かせたりとリラックスした時間を過ごした。「昔、2階のスペースでガンズ（・アンド・ローゼズ）が演奏したことがあるのよ」と、バーテンダーのお姉さんが教えてくれた。

私は「最後だから、レミーの家の見納めに行こうよ」と、モーターヘッドも好きという参加者の女の子を誘ってレインボウグリルを出た。通りを渡り、緩やかな坂道を上って右に折れるとレミーのアパートがある。私がレミーの姿を最後に見たのは２０１５年のフジロックだったけど、ここから日本に来たんだなぁとか、あのときあんなにふらふらで歩くのもやっとだったけど、元気なころはこの坂を毎日歩いていたんだなぁとか、あれこれ思いを馳せた。

モーターヘッドとラモーンズが長い活動期間中、一度も一緒にツアーをしたことがないのは、いまとなっては不思議だ。あのころはまだ、そこまでジャンルがクロスオーバーしていなかったのかな。ラモーンズはパンクのレジェンドで、モーターヘッドはメタルのレジェンドだったから。

アパート前の階段に座り込んで「ここにいることが不思議だ」などとすっかりファン目線でレミーの残像を堪能していたら、住人のお兄さんが出てきて、私たちの横で煙草を吸いだした。「レミー？」と彼が言ったので、「そう。会ったことある？」と聞くと「俺の部屋、レミーの部屋の下」と答える。「わあ、じゃあ部屋のつくりも同じなの？」と質問を続けるとお兄さんは言った。

「たぶんそうだと思うよ。レミーの部屋に入れてもらったことがあるんだけど、ナチスの軍装の収集家だからコレクションが凄いんだ。でも集めているだけで彼自身は凄くいい人間だったよ。だって家賃が払えない隣の女性のために3カ月も代わりに払ってあげてたんだぜ」

隣人でしか知り得ないレアな話に、私たちの気持ちはたかぶった。

煙草を吸い終わったお兄さんが「なかを見る？」と言ってくれたので、女性ふたりで彼についていった。彼の部屋は凄くきれいでレミーの部屋を想像することはできなかったけど、間取りとだいたいの雰囲気はわかった。「何か飲む？」と小洒落たミニバーから飲み物を出してくれたけど、これ以上この人からモーターヘッドの逸話は出てきそうもなかったので、「ノー・サンキュー」と言って部屋をあとにした。でもせっかく敷地に入れたので、映画のシーンにもあった郵便受けの写真を撮ったりして、足取りも軽くレインボウグリルに戻った。

ラモーンズからモーターヘッドまで、リアリティを感じまくった最終日になった。私もレミーのアパートを見れたおかげで、聖地巡礼ツアーを引率するだけじゃなく、参加する側の楽しみも体験できてよかった。チェルシー地区の爆弾騒ぎや大型台風の成田直撃を心配していた6日前が、1年前ぐらいの出来事に感じられた。

旅の終わり

帰国日の朝、空港に向かうシャトルバスは時間通りにモーテルに到着した。

聖地巡礼ツアーはミラクル続きだった。でも実はトラブルにも巻き込まれたし、トラブルを回避するために私なりにこっそり操作もした。例えば、ＣＪがライヴを行なったアーヴィンプラザは歴史のある会場だけど、私たちが訪れる4カ月前にラップのコンサートで発砲事件があり、１名が死亡、３名が負傷している。私はそのことには触れず、「歴史のある会場」とだけツアー参加者に説明していた。必要以上にみんなを怯えさせてもしょうがないと判断したのだ。ＣＪのライヴでは最前列に陣取った参加者と地元のジャンキー女とのあいだで揉め事が起こったが、私はかわいいものだと思っていた。セキュリティが割って入ったが、外に出すこともなく丁寧な対応をしてくれた。アメリカでは客同士が揉めると、最悪の場合は両手首を結束バンドで固定されてパトカーに体を押しつけられる、そんな映画のワンシーンみたいなことがざらにある。そうならずに済んだけど、参加者たちはショックだったようで、ショウが終わってからも互いに慰め合っていた。

ビール瓶が飛ばず、ジャンキーもいない日本のライヴ会場が、音楽を楽しむのにいかにベストな環境かを知る機会を得たとは思う。でも、ラモーンズがデビューした70年代のＣＢＧＢは間違いなく危険なことだらけだったはずだ。他にも大事な持ち物を紛失したり、徒歩移動のスピードの速さと距離の長さのために足首を痛めたり、トイレを我慢するのが限界に達したり、参加者にとっては波瀾の５泊６日だった。目の前で奇跡が連続して起きて、みんな地に足が着いていなかったようだ。それは私もそうだった。

私は１日だけＬＡでオフの日を設けたので、参加者のみんなとはロサンゼルス国際空港でお別れ。最後に私が

「いろいろと不備もあったと思うけど、どうもありがとう。気をつけて帰国して、日本に戻ったら打ち上げでもやりましょう」と言うと、「このツアーに参加できて本当によかった。１００万円でも絶対に参加した」「楽しすぎて濃すぎたから帰りたくない」「このメンバーとこれで終わりかと思うと寂しい」と、みんなそれぞれの気持ちを吐露した。涙ぐむ人もいた。

ラモーンズが大好きで人間的にも優しい人たちが集まってくれたおかげでチームワークもばっちりだった。一番大切なものに時間と気持ちを費やした5泊６日。今回の旅で起きたミラクルの数々、見たり聞いたりしたこと、食べたもの、すべてがみんなの宝物になってくれたらと思う。

私はラモーンズの現役時代を知らない世代にラモーンズのリアリティを伝えたかった。バンドがいなくなってしまい、ファンクラブをどう動かしていけばいいのか、自分も楽しむにはどうしたらいいのかを考え抜いた結論がこのツアーをやることで、実際にやってみなければ私の気持ちがどうなるかはわからなかった。参加してくれたみんなの熱意とパワーに押されて心を動かされることもたびたびあったし、彼らを見て考えることもあった。それにラモーンズが終わって20年もたつのにニューヨークでファンのみんなとこんなに楽しい気持ちになれるなんて本当に予想していなかった。巡礼ツアーのあいだ、懐かしさと寂しさをほとんど感じなかったのも意外だった。日本でごちゃごちゃ考えているより、アメリカでファンとシェアした時間に、私こそパワーをもらった。

ニューヨークより

帰国しても信じられないことが待っていた。私はすぐに旅のレポートを書いて週刊ＮＹ生活編集部に送った。

SHUKAN NEW YORK SEIKATSU

ENGLISH PAGE NY COOL JAPAN P 27

週刊NY生活

www.nyseikatsu.com

Japanese Free Weekly Newspaper

NY生活プレス社 NO. 604（週刊） 2016年10月15日土曜日

● NEW YORK SEIKATSU PRESS, INC. ☎ (212) 213-6069
● 71 WEST 47TH STREET, SUITE 307, NEW YORK, NY 10036

Printed in U.S.A.

■新聞と同じレイアウトで読めるデジタル版 www.nyseikatsu.com 世界のどこにいてもNYの今がわかる日本語フリーペーパー

ジョーイ・ラモーン・プレイス（西2丁目とバワリーの交差点）近くの壁画前で

ラモーンズに会いたくて!!

発祥の聖地へ日本からファン来米

パンク巡礼

パンク創生40周年、その歴史はニューヨークにかつて存在したライブハウス、CBGBから生まれた。

1976年、クイーンズの高校で出会った4人は楽器を手に入れ、地元画廊の地下で練習を開始、ラモーンズが誕生した。パンクといってもラモーンズの曲は清涼飲料水のCMソングやメジャー球場のBGMに起用されるほど親しみやすいポップソング。だからいまでもリスナーが絶えず、日本のファンクラブにも10代の若者の入会が絶えない。

9月下旬、ファンクラブのメンバー10人を引き連れてバンドの聖地ニューヨークを巡った。チェルシーホテルやCBGBのあったバワリー、ファーストアルバムのジャケット写真の舞台となった煉瓦の壁があるアルバートガーデン、母校フォレストヒルズ高校までくまなく散策した。暑さの残る9月の街を革ジャンとジーンズにラモーンズのTシャツという「正装」で闊歩する私たちは、一目でラモーンズファンと分かったようで街中でたびたび声をかけられた。ある人は「俺も87年にライブを見たよ」と自慢話を始め、ある人は「あそこにメンバーが住んでいたよ」と教えてくれた。「一緒に写真を撮らせて」と被写体になる時もあった。メンバーが好きだったジョンズ・ピザに行けば店のBGMがラモーンズに変わり、ダイナーに入れば店員がラモーンズの曲を歌ってくれる。どこに行ってもみんなラモーンズを知っていて、私たちを歓迎してくれた。映像でしかラモーンズを知らないファンクラブのメンバーたちはそんなニューヨーカーと交流でき、ラモーンズが確かにここにいたことを実感でき大満足だった。

現役時代は米国でのセールスが芳しくなかったといわれる彼らだが、その存在はとてつもなく大きく、ニューヨークの街にどっぷりと溶け込んでいることを肌で感じた。ラモーンズの歌詞の中に「We accept you one of us」というフレーズがあるが、それを体現しているようなニューヨーク。この街が存在する限りラモーンズも生きている、と思える旅だった。

今月23日、フォレストヒルズ高校の前の道が「ラモーンズ通り」と命名される。（文・写真、鮮柳ユキ／ラモーンズ・ファン・クラブ・ジャパン）

◀デジタル版でここをクリック！
週刊NY生活TV
25面

テレビ討論するトランプ、クリントン両候補（動画投稿サイトから）

トランプ 離反続々

米大統領選の民主党候補のヒラリー・クリントン氏（68）と共和党候補のドナルド・トランプ氏（70）による第2回テレビ討論会が9日夜、ミズーリ州セントルイスのワシントン大学で行われた。お互いのスキャンダルを突く場面が目立ち、シリア情勢、医療保険改革、税制などを巡る論戦も行われたが、大統領候補の討論会としては過去に例を見ない非難合戦となった。

内田、武藤 両論客が大統領選を斬る4、5面

◇本紙はニューヨーク発行のフリー紙で「日本経済新聞」とともにNY、ニュージャージー、コネティカット、オハイオ州、ワシントンDCで配達され、NJ州とウエストチェスター郡では「朝日新聞」にも折り込まれています。日本国内では紀伊國屋書店（大手町ビル店）で無料配布のほか青山学院大学図書館（青山キャンパス）に常備、東京大学本郷・駒場両図書館で閲覧できます。

2016年10月15日発売の週刊NY生活１面（カラー）に聖地巡礼ツアーの記事が掲載

仕事でアメリカに駐在する日本人の何人がラモーンズを知っているのかわからない。でも日本からわざわざニューヨークに行って、パンクバンドの聖地巡礼をする私たちがニュースになるのは面白かったし、記事になれば記念にもなる。レポートを送信した2日後に担当者から連絡が来た。「写真のインパクトとレポートが面白かったので編集長と協議し、1面にすることにしました」と。えっ、1面？　いくらローカルな新聞とはいえ1面に？しかもラモーンズ聖地巡礼ツアーのことが載るなんて！　凄く驚いた。でも嬉しかった。こんなオマケがつくなんて思ってもいなかったからだ。さすがニューヨークは夢を拾ってくれるなぁと思った。知らない人と繋がって物事が転がっていく。これが東京の自宅のパソコンからスタートしているんだから凄い。なんだかジョニーと文通が始まったときと同じような感動があった。本気でやれば何かが伝わるんだってこと。

新聞はニューヨーク在住の友達ふたりが手配してくれて、無事に手に入れることができた。ジョーイはいつもひとりだけ大きくて、ファンと一緒に写真を撮っても必ず目立っていたから、壁画の前の写真もいつものジョーイとファンそのもので気に入っている。ニューヨークに来たばかりの嬉しさ、カッコつけてる感じもハマったと思う。みんなにとっても私にとっても一生の記念となった。

そのころ、巡礼ツアーに参加したみんなのLINEでは思い出話に花が咲いていた。ジョニーが通っていたチェルシー地区の郵便局から9月22日に投函した葉書が9月末に届き、盛りあがっていた。でも、なぜか私のところに葉書は届いてなかった。私の葉書は郵便局のおばさんがうっかり床に落として、拾った誰かが船便の区分け箱に入れたに違いないと自分に言い聞かせた。まあいいや、いつか届くだろう。

そんなある日、仕事から帰ってマンションのポストを開けると、そこに一枚の葉書があった。他の郵便物はなくその葉書だけがあった。私がチェルシーから投函した葉書だった。「あっ、来た！」と取り出そうとした瞬間、ハッとして手を引っ込めた。なぜなら、この日はジョニーの誕生日だったからだ。私の葉書は10月8日に届いた。

ジョニーの誕生日に葉書が届く

ちょっとびっくりしたけれど葉書を取り出し、まじまじと見ているうちに、なんだかそれはジョニーから届いたように思えてきた。ジョニーが「グッジョブ」と言ってくれているみたいだった。そして、この葉書がチェルシーの郵便局から届くジョニーからの最後の手紙のように感じて、大事にしようと思った。笑われるかもしれないけれど、そんな思い込みもたまにはいいような気がしたのだ。

最後の手紙

帰国後のミラクルのおかげで、私も参加者も10月に入っても気持ちはふわふわしていた。それだけ巡礼ツアーは強いインパクトを残した。みんなにとって忘れがたい思い出になっていたら、ラモーンズファンクラブ・ジャパンの会長冥利に尽きるというものだ。大変だったし、これでいいのかと何度も思った。でも、時間を費やして計画し、行動してよかったと、いまは言えるかな。

ふわふわした気持ちのまま、巡礼ツアー中に撮った写真を毎日チェックした。ベストな一枚を全員分プリントしてプレゼントし、この旅は完了する。こんな体験はつくった私でさえ、またいつできるかわからない。ロケーションも、被写体も、すべてがベストマッチしているわけだから、ラモーンズファンの撮影はとても楽しかった。ファンの気持ちは表情に出ていて、撮っている私も幸せな気持ちになれた。こんなに愛情に溢れた撮影なんて、なかなかないだろう。できあがった写真を渡すと、みんな「フレームに入れる」と大騒ぎしながら満足してくれた。

ラモーンズファンクラブ・ジャパンはジョニーがファンと繋がるためにつくった場所だ。そのジョニーがいなくなり、ファンクラブのことを考えるのが自分ひとりになっても、それを続けていけるのか試されているような気さえする。何かを決意して行動を起こすときはいつもひとりだ。１９８９年にディー・ディーがバンドをやめたとき、ジョニーは「あいつは人生からもバンドからも責任を放棄した」と批判した。その言葉が正しいとは思わないけど、自分に当てはめれば、ファンクラブとして歩んできた25年はまるでバンドみたいだった。行動し、決意して前に進む厳しさと責任を、少しは経験している気がするからだ。

ラモーンズは、そんなカッコいいバンドだったから、きっといまでもこんなに愛されているんだと思う。

私は今年、ジョニーの生きた人生の歳月を超えた。歳をとってようやくいろんなことがわかってきた気がする。『I Love RAMONES』を読んだ人から「最後にジョニーに会わなかったことを後悔していないのか?」とよく聞かれるけど、いまも後悔していない。冷たい奴だと言われても、後悔なんかしていない。ジョニー・ラモーンじゃないジョニーに会うなんて考えられないのだ。私は私の立場で接することができてそれでいいと思っている。

でもひとつだけジョニーに伝えることができずに後悔していることがある。それはこの本で書くのが最後のチャンスのような気がしたし、ラモーンズファンもみんな思っているはずだから、代表して私が書こうと思う。ちゃんと伝わるのかわからないけど、どっちみちもう手紙を書いて出したくてもその宛先がない。だから手紙を書くのは、これが最後です。

ジョニーへ

終わったバンドのファンクラブをどうやって運営すればいいのか、いまも凄く考える。
当事者でもない私が、ラモーンズの良さを正しく伝えるなんて難しくて。
ファンクラブを二人三脚でやれていたころを懐かしく思うけど、
センチメンタルになるくらいなら、なんとかしてやるって思う性格だから、いまもやっている。

去年の9月、いつも待ち合わせをしていたオールドチェルシー郵便局にファンと行った。

ぜんぜん変わってなくて懐かしかった。

あの郵便局からみんなで自分宛に出した葉書が10月8日に届いた。

そのことはバカバカしい偶然なんだろうけど、私は凄く感謝しているよ。


ラモーンズの曲はいまも私たちを救ってくれて、背中を押してくれている。

ラモーンズファンはみんな思っている。

ラモーンズと出会えて本当によかったって。

だからちゃんと言わないといけないって思ってた。

一度も言ったことも手紙に書いたこともなかった。

ラモーンズ、ありがとうって。
ファンのことを考えてくれてありがとう。
バンドを続けてくれてありがとうって。
伝わるかな?
また会いたいね。

2001年3月22日、LAのダウンタウンでシグネチャー・モズライトをもつジョニー・ラモーンを撮影する著者（フィルモア提供）

yuki kuroyanagi（ゆき・くろやなぎ）

シンコーミュージック・エンタテイメントの雑誌『BURRN!』創刊メンバー。編集部に数年在籍後に渡米、ニューヨークで撮影スタジオに勤務しながらCBGBに通って写真を学ぶ。帰国後スタジオに勤務し、フリーの写真家に。フジロックやサマーソニックなど、日本を代表するフェスティバルには初回から参加し現在も関わっている。洋楽ロックの現場で活動する一方で、スポーツや映画、政治など、撮影の場は多岐にわたる。また韓国ロックシーンにも詳しく、レーベルを立ちあげた経験もある。1992年にジョニー・ラモーンの要請を受け、ラモーンズファンクラブ・ジャパンの運営を始める。ジョニーとは長きにわたって交流があり、交わした手紙は100通以上に及ぶ。著書に『I Love RAMONES』（リトルモア）、『メタル現場主義』（シンコーミュージック）がある。

yukikuroyanagi.com

RAMONES Fan Club JAPAN
http://www.ramonesfanclubjapan.com

Thank You RAMONES

2017年11月2日　初版第1刷発行

写真・文　yuki kuroyanagi
装幀　井上則人
本文割付　土屋亜由子（井上則人デザイン事務所）
編集　浅原裕久
発行人　孫家邦
発行所　株式会社リトルモア
〒151-0051 東京都渋谷区千駄ヶ谷 3-56-6
電話：03-3401-1042　FAX：03-3401-1052
info@littlemore.co.jp
http://www.littlemore.co.jp
印刷・製本　中央精版印刷株式会社

ISBN978-4-89815-469-4 C0073

左頁：RAMONES Fan Club Japanの会報LOCO PRESS「来日大特集号！」（1995年）より一部を抜粋

11/2のハードロックカフェでのロックンロールPARTY♥♥がスタートです!!

この日前座の少年ナイフが終わった後、ハードロックカフェの店長が「今夜ハードロックカフェでパーティーをやるので来て下さい」とアナウンスする。──コンサート終了後、大阪・難波のハードロックカフェへ。今回のジャパンツアーで、ジョニーが常に心掛けていたことは「なるべくファンと接して、出来ることはやる」ということだった。しつこい一部のおっかけギャル達に時々うんざりしたものの、それでもそれをおくびにも出さずに応対したし、ハガキのサインだって「他の奴のにも書くぞ」と新幹線の中でCJと2人して書いてくれた。これに関しては、のんびりペースでチャンスを失ったジョーイを除いて、マーキーも「他はいいの？」と気遣ってくれたし。メンバーには感謝なのである。バックステージ企画も「ラストツアーだからナイスな企画だ」と嫌な顔ひとつせずやってくれた。そしてこのハードロックカフェのパーティー企画も、ジョニーがファンの為に「少しでもラモーンズのメンバーと共有できる時間があったほうがファンは嬉しいんじゃないか？」という思案のもとに実現したパーティーだった。もちろんお店やスマッシュ・コーポレーションの協力のもとに開かれた打ち合げだったけど、これを「ステージ上でファンにアナウンスしよう」という大胆な提案をしたのは彼だ。「ファンが殺到するんじゃないか？」「メンバーはゆっくり出来ないのでは？」等いろいろ意見は出たけれど、うまくいった。──店中、ラモーンズ・ファンだらけ。メンバーとスタッフは特別エリア（VIP席）を設けてもらい、一応ファンとは一線を引いて食事。店内の画面に『ロックンロール・ハイスクール』のビデオが流され、ライヴのハイライト・シーンでは“GABBAGABBAHEYのプラカードと共に大合唱”という盛り上がりに、ジョニーも立ち上がって拍手してた。ジョーイ以外のメンバーは、約1時間半のディナー後に退散。ジョーイは夜中までそこにいたらしい。そこで何があったというわけではなく、ラモーンズとラモーンズ・ファンが各々最後の晩餐を同じ空気の中で楽しんだという一夜でした。ジョーイは「楽しい」を連発してたなぁ。あと「ファンと記念写真を撮りたい」と言ってファンの子達と写真を撮った。私は途中で帰ったが、その後は会員のリポートの通りです。11／2ラスト・デイはアンコールを始め、嬉しいおまけがつきました。

＜YUKI＞

ライヴ後、ハードロック・カフェに行き、『ロックンロール・ハイスクール』のビデオを見ているジョニーという最高のつまみ（言葉が悪い？）を見ながらビールを飲めたのがすごく幸せでした。最後にジョーイを大勢のファンの人とホテルの入口まで見送った時、ファンの人達の姿を見て、少し涙が出てしまいました。＜No.238 片岡百合＞

私の事を心配して、わざわざIMPまで迎えに来てくれた親友と一緒に‘お疲れさまパーティー’があるというのでライヴ後、そのままハードロック・カフェに行きました。家に電話をしている時に、去年のラモーンズの大阪公演の時に知り合った関東から来ていた2人の女の子と偶然出会う事ができて、びっくりしました。私達が着いた頃には、もうとっくにメンバーも来ていて、スクリーンには『ロックンロール・ハイスクール』が映し出されていました。今まで一人でしか観た事がなかったので、こんなにたくさんのラモーンズ・ファンと一緒に観れて本当に感激しました。結局夜中の1時半か2時頃までハードロック・カフェにいたんですけど、最後までいたのはジョーイで、途中、ファンと一緒に写真を撮ったりしていた姿がとても印象的でした。そして帰る時間になって残っていたファン全員でジョーイをホテルに送っていって（というか、ついて行った）ドアの前でジョーイを見つめながらその場にいた全員が、何度も‘Hey, Ho, Let's Go!’と‘Gabba Gabba Hey!’と叫んでいる光景は、一生忘れる事ができない位、感動しました。ジョーイもこの出来事には驚いていた様子で、しばらくは胸をつまらせて言葉も出てこなかったようでした。

＜No.85 楠山みさ＞

ステージで発表したから、入りきらない位の人が来るんじゃないかと思っていたら、わりとそうでもなかった。ジョニー、CJ、YUKIさん、GOOFYさんと来る。スタッフの人達と席に着く。店では『ロックンロール・ハイスクール』のビデオが流れ、しばらくしてからジョーイも来る。“Pinhead”の曲でGABBA GABBA HEYのプラカードがあがり店内盛り上がる。ジョニーとCJは先に帰ったがジョーイは閉店までいた。ジョーイが帰る時には、歩いて3分位の所にあるホテルまで、お見送りの大行進になった。ホテルの入口で、ファンはHey, Ho, Let's Goコールでジョーイを見送り、ジョーイは手を振りながら入っていった。ハードロック・カフェのオーナーは、「みんなのお陰で、楽しいパーティーになりました」と集まっていたファンに挨拶をし、拍手がおこった。忘れられない一日になった。

＜No.104 小池暁子＞

今年の思い出は、YUKIさんやGOOFY、その他いろいろな人達と出会った事。そして感動したのが、11／2最後の夜。ハードロック・カフェに行きに入ったら人が一杯で、私と友達はドリンク・ーのところから突っ立ったまま‘ラモーンズ御行様お食事中一めし食うてるの見てるだけやん状態だったので、24:00前に店を出たのでした。2人で「何だか虚しいねー」と話していると、ろから外国人が信号渡って来るんです。よく見らジョニーだったのです！　私と友達は、思いけない出来事に気が動転してしまいましたが、インをもらい、写真を撮りました。ジョニーは分の胸ポケットから青ペンを出してサインしてれました。何て用意がいいのでしょう。ほんの秒程でしたが、最後の夜、ジョニーは私と友達人だけのものになったのです。

＜No.18 川崎純子＞

↑ハードロックCAFEにて。店長“ラモーンズ・Fan”とジョニー──。

←HARD ROCK CAFE/OSAKAの入口のケースにかざられたパンフ 皮ジャン、Photo スティック。皮ジャンはサイン入り（たぶんこの皮ジャンは店長のもの）

●マーキーがサインをくれとせがむので、ジョニーが「去年もお前の皮ジャンにしてやっただろ」と渋った。が、しつこく「これは今年の皮ジャンなんだ、ジョニー、プリーズ」と言って追っ掛けまわしていた。いつもこんな調子です、彼は。
●ジョーイはそんな光景を見て、いつも「ほっほっほっ」と笑っている。
●ＣＪは楽屋でよく寝る。
●マーキーは他のメンバーから、背中やケツに、ガムテープやシールを貼られるイタズラをよくやられている。
●ジョーイは左きき。
●ジョーイは動作がスローペースなので、他の３人にしょっ中せっつかれている。が、動じず「ほっほっほっ」と笑っている。
●ＣＪはスニーカーを買った。
●ジョニーはホラーのレーザーディスクを買った。
●マーキーとジョーイは、オモチャ屋でMADE IN CHINAの‘あひるの楽器’（￥600）を買った。
●マーキーとジョーイは、その日楽屋でずーっと「クワックワックワッ（あひるの声）♪」と言っていた。
●マーキーとジョーイは、その日ライヴが終わった帰りのバスの中でも「クワックワックワッ♪」と言っていた。
●ジョニーはツアーの中日でコインランドリーへ行って洗濯した。
●洗濯中に、結婚生活におけるダンナの役割について、主婦兼フォトグラファーの私と激論を交わした。
●マーキーは洗濯をしない分、一度着たＴシャツを裏返しにして着た日もあった。（きたねー）
●ＣＪもコインランドリーで洗濯した。リュック１コ分あった。（何しに来たんだお前）
●ＣＪは、次のバンドの歌詞用に詩を読んでいた。（期待してるゾ）
●ＣＪは、松本のバーで60才位のオヤジに「君カワイイねぇー」と言い寄られキスをされた。（ゲー）
●ＣＪはこの間、されるままにされていた、顔をまっ赤にし…。（いやがれよ）
●ＣＪは、福岡でタクシーの運転手に「兄ちゃんカッコイイなぁ、今晩一緒に飲まない？　どこ泊まってんの？」と誘われた（実話）。
●松本駅のアナウンスが気に入って、メンバー全員“MATSUMOTO~”と言いまくっていた。
●松本のアルプス公園観光に行ったYUKIとダンナとGOOFYに、くっついてきたＣＪは、一緒にボブスレーをやった。
●ＣＪは新宿で床屋に行った。￥4500（高い？）
●ちなみにＣＪは、93年にも一度ボーズにしてます。
●ジョニーは毎日シュークリームを食べた。
●ジョニーは毎日コンビニへ行った。
●コンビニでメンバーがよく買うものは、①飲みもの（ミネラルウォーター）②アイスクリーム③ヨーグルト④クッキーという順になります。
●ジョニーはカレーうどんに挑戦した。うまかったらしい。（食わず嫌いなんだよ、アンタは…）
●ＣＪはマスタードが好き。チンジャオロースにマスタードをどっさり入れた。
●ＣＪは鍋を食った。（が、あんまり好きじゃなさそう）
●札幌でジョーイはカラオケに行くつもりで１人はりきってたが、誰も連れていってくれず、１人すごすごホテルの部屋に帰った。
●札幌では強風&暴雨の為どこへも行けず、ビール工場に行くのを楽しみにしていたので、皆がっかりしていた。（飲まないのに）
●ＣＪは、友人のお土産にハーレーの小型モデルを買った。
●ＣＪは、ガールフレンドのお土産に着物を買った。
●ＣＪは、10／29の夜、彫り師達と飲み、二日酔いになった。
●ＣＪは、10／30の名古屋のショウ前まで二日酔いで寝てた。（でもライヴはＯＫ！）
●関西国際空港から帰る為、全ての荷物を移動したのでメンバー全員、すごい荷物量で大阪に向かった。
●大阪ハードロック・カフェでハロウィーン・パーティーがあり、メンバー（ジョーイを除く）各々楽しんだ。
●ＣＪとクルー達は、10／31にアラニス・モリセットのライヴを観に行った。
●ジョニーは中古ホラー・ビデオを10本買った。
●マーキーは、ハロウィーン・パーティー用に衣装を探しに行った。（結局いいのは見つからなかったが）
●ジョーイは神戸の友人の家へ行って、日本の家庭料理を食べた。
●ジョーイとマーキーは、新幹線の中でＦＣ企画の往復ハガキ・サインのハガキにサインをしました。
●ジョーイは１枚１枚目を通して読んでいました。
●ジョニーは「これは何？」とハガキに書いてある会員ナンバーや第１希望、第２希望の意味を聞いてきたので教えたら「日本語でジョニー・ラモーンと書く」と言って、練習してました。
●ジョニーは往復ハガキの何枚かに日本語で‘ジョニー・ラモーン’と書いた。（受け取った人はラッキーよ！）

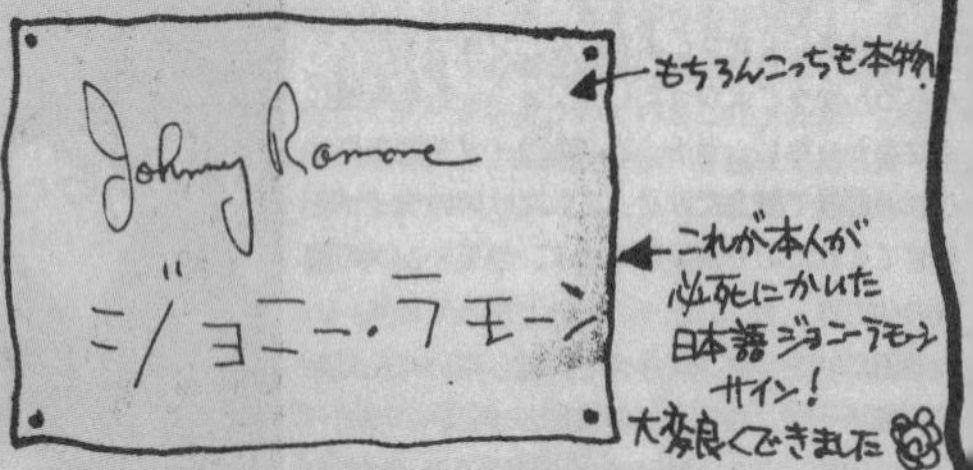
Johnny Ramone
ジョニー・ラモーン
もちろんこっちも本物
これが本人が必死にかいた日本語ジョニーラモーンサイン！
大変良くできました

●ジョニーとＣＪは、自分希望のハガキ以外にもサインしてくれました。感謝！
●ＦＣ企画『バックステージ招待』で沢山プレゼントをもらい、「クリスマスみたいだ」と言っていた。
●最終日、コンサート直前にパスタを食べに行ったジョニーとＣＪは、戻ってみたら入口がなくなっており、仕方なくステージを横切って楽屋に戻りました。私とGOOFYもです。すみません。
●大阪ハードロック・カフェの店長さんが、ジョニーのアイディアをもとに最終日にフェアウェル・パーティーを開いてくれた。
●このパーティーは「最後の日本で、ファンにラモーンズと共有できる時間と場所を作ってあげよう」というジョニーの提案で実現しました。プラス、プロモーターのスマッシュさんの協力あり。
●パーティーには沢山のファンが集まった。
●パーティーでは映画『ロックンロール・ハイスクール』が上映され、ライヴ・シーンのハイライト“Gabba Gabba Hey”ではファンが持参のプラカードをあげ、エキサイトしました。
●ジョーイはファンと一緒に写真を（撮りたいと言い）撮りました。
●マーキーは疲れてしまい、パーティーには来ませんでした。
●ジョニーはパーティーの最中「パーティー開いてファンは喜んでいるかな？」と常に（今回のツアー中いつも）ファンのことを考えていました。
●ハードロック・カフェでは、ＣＪはポテト&ナチョス&バーガー、ジョニーはビッグ・サンドイッチとフローズン・ピナコラーダ、ジョーイ？（ごめん）を食べてました。
●ジョニーは『ロックンロール・ハイスクール』を10年振りに観たと言っていた。
●パーティーには、少年ナイフのメンバーも来ました。
●帰国日、ジョニーはまた中古ビデオ屋でホラー・ビデオを買いました。
●ＣＪは土産を買いすぎ、かばんが増えました。
●ジョニーは、日本シリーズとワールド・シリーズを毎日チェックしてました。
●ジョニーは、日本シリーズを見ることができなかったけど、神宮球場で試合のある時間、偶然タクシーでそこを通ることができ、興味津々でのぞきこんでいました。
●帰国日、関西国際空港行きの電車ラピートが気に入り、ジョーイとマーキーは、その前で写真を撮っていた。
●空港でマーキーは、ギター・ローディーのリックに「われもの注意」のシールを背中に貼られていました。
●マーキーは、見送りのファンにずーっと手を振っていた。
●20日間に渡るジャパン・ツアーは無事終了。メンバーも元気に次のツアー地ＬＡに飛び立ちました。というわけで 100本終わったー！

ここらで一息いれましょー コーヒの視力回復コーナー

YUKIのウラ話100本勝負!

●10／15、ラモーンズ一行到着。ＦＣ責任者の私としては、まずマネージャーのモンテに今回のＦＣ企画を説明せにゃあと、早速ミーティング。「で、一体１日に何人がバックステージに？」との問いに「15人」と答えると「うーん、ちょっと多すぎるなぁ、10人だな」ということで人数減らされてＯＫを得る。

●プロダクション・ミーティングでは、フォトセッションについてあれこれ説明。移動日について云々を決めている最中に、マーキーとジョーイは「寿司食いに行ってきまーす」と逃げた。

●ちなみにマーキーは、ミーティング中にもスパゲティーを食べた。

●ジョニーのオーダーは、ミートソース・スパゲティー。

●各地でファンを驚かせたＣＪの頭。「どうしたの？」と聞いたが「なんとなくやっちゃった」とのことでした。89年、ラモーンズ入りたての頃を思い出させます。

●許可を得たので早速家に帰り、ＦＣ企画の往復ハガキの返信を作りポストへ。当たった人はおめでとう。ハズれた人は残念でした。

●ＦＣ企画についてジョニーのコメント「お前が考えたの？　いい企画だよ、うんうん」と頷いていた。（ジョニーはもう１コの「ハガキにサイン」の企画をまだ知らなかった…まだあるのよ！）

●コンサート初日のメニュー：ジョーイ／かに、えび、まぐろなどの寿司。マーキーも同じ。ジョニー／トマトソース・スパゲティー。ＣＪ／ラーメン。まぁ、およそメンバーの食生活はこれが基本となってます。

●Vol. 5のイラストが好評だったのでお答えしますが、ジョニーはラーメンは食べません。

●ちなみにあのイラストは実話を基に描きましたが、今回も同じような場面がありました。場所は新宿の某ラーメン屋の前。私「ここの店、ベンチャーズが毎年食べに来るんだよ」ジョニー「（Vol. 5のイラストそのまま）」

●ＣＪはラーメン好き。やっぱり若者は油っこいものでボリュームがないとね。みそラーメンが特に気に入ったよう。ジョニー以外のメンバーは、割といろんなものにトライして食べてみていました。

●マーキーは回転寿司屋に行きたがっていた。

●初日のバックステージには、鮎川夫婦の他に以外なところで、一色沙英がいた。ＣＪにサインをもらっていたが、別にＣＪのファンというより、他のメンバーには怖くて近寄らずという雰囲気でした。

●ＣＪを除くメンバー３人が新宿のビデオ屋『エアーズ』へ行き、各々ビデオを手に入れてました。ラモーンズのブートレッグに関しても「俺は持ってない」と妙な興味を示してました。

●ジョニーは、自分がオートグラフ・コレクターなので、ちゃんとマイ・ペンを持ち歩いていた。

●福岡では、福岡ドームに行ったジョニー。ドーム内見学ツアーに参加。さっそく寸評&おしゃべりが…。日本語の解説は分からないので、勝手にアメリカのドーム・スタジアムとの比較論に走っていた。

●アメリカでもスタジアムのドーム見学ツアーがあるそうだが、選手のロッカールームやブルペンを見ることが出来るのはないらしく、ドームのそこでは楽しそうに見てました。

●ちなみに90年の来日時に東京ドームと名古屋球場にも連れて行ったが、名古屋球場では管理人のクソジジイに「見学なんてダメダメ」と断られたので、それではと直接交渉しに事務所に行き、中に入れてもらった。ジョニーは「さっきの人（管理人）はＮＯと言ってたんだろ？　なんで入れることになったの？」と聞いてきたので、私「事務所のオヤジに、ピート・ローズの遠い親戚が来た、と言ってやった」と答えると大笑いしていたという懐かしい話もありました。

●福岡ドームでは、天ぷらそばを食べた。（ジョニー来日中の18番）

●ジョーイは、梨を食べながら「このリンゴはうまい」と言った。

●福岡で屋台村をチェックしたメンバー。しかし誰一人トライしなかった。（入りたそうだったけど）

●福岡ではタワーレコードにも行ったようだ。（ＦＣ会員報告）

●メンバーで、夜ライヴが終わると飲みに行ったりする人はいません。（時々ＣＪが行く）

●ジョーイとマーキーは、ほとんどホテルにこもりっきり。

●ＣＪとジョニーは（特にジョニー）おしゃべりに余念がない。

●今回の来日で和彫りの刺青を入れる為、貯金をしてきたＣＪ、２日間で実に立派な刺青を入れきった

すみ入れ終了後 おもわずガッツ ポーズをとるポーズ! きまってるぜ!?
ヘアースタイルが ステキ♥
(20代の男なのに ムナモがないの ね。そんなところがオヤジ 好みの 彼)

●初日の楽屋でさっそくツアー・パンフレットについての寸評。概ね好評。

●ジョニー「誤植を除けばグレイトだ」

●ジョーイ「（パンフを手にして３日後にして気が付く）これYUKIが作ったの？　凄くイイよ、気に入っている」

●フォトセッションは５分間と決められているが、一応ＦＣ会長がフォトグラファーなので、集合は早いし、言う通りにしてくれるのでやりやすい。

●そのフォトセッションの中でマーキーをフロントに立たせたフォトを撮ったが、本人曰く「自分が前に立つことあんまりないから、記念に１枚プリントして」（この写真は雑誌『シフト』で見れるよ）

●フォトセッション２日目：時間がない中で、２パターンを撮ることになった為、分かりやすくということでイラスト（立ち位置やポーズ）を描いておいた。ら、いたずら書きされていた。これはマネージャーとジョニーがやった。

●ジョーイは建物が気に入ったか、福岡クロッシングホールの写真を撮っていた。

●マーキーは、自分のスニーカーに自分のサインをしていた。

●マーキーは、自分の皮ジャンに他のメンバーのサインをもらっていた。

10/20 クロッシングホール
CROSSING HALL/FUKUOKA

ョニーはばっちり見える！が残念ながら、ＣＪはスピーカーの影で、ほとんどみえん！（前にでてくればみえたけど）マーキーはたまに見える。うーむ。でも前ん中の方は、すごい状態になってて、かなりのおし合いへし合いで、はじきだされたり、つかれきった人たちは、こっちにヒナン（？）してきていた。（同じ前でも、はしはわりとスペースあいていた）ＣＪはボーズ頭になっててパンテラの人みたいだった。ジョーイも２年前に大阪でみたときより、調子よさそうだ。あいかわらず、息つくひまなく、次々と曲が…。ステージ上のＲＡＭＯＮＥＳよりも、下のKIDSたちの方がヘタって、一番前の女の子とか、スタッフに助けられてた。ＣＪの「RAMONES」のときは「R·A·M·O·N·E·S!」と叫びながら「もっとラモーンズつづけてほしいな～」と思ってしまった。この曲の歌詞にあるように「Good Music Save Your Soul!」（良い音楽は魂を救うんだ！）ラモーンズの音楽は私の魂を救ってくれたのに…。盛り上がっていた曲、やっぱり「WART HOG」とか、「電撃バップ」とかだけど、私は「ペットセメタリー」とか「I BELIEVE IN MIRACLES」も好きだ。「PINHEAD」のときは、「GABBA GABBA HEY!」カンバンを客席で自分たちでつくってきてた人たちがいて、すごくかっこいいタイミングでかかげてた。いいぞー！ちょっと感動した。もちろん、ステージ上でもジョーイがピンヘッドちゃんからカンバンを受けとって、かかげている。かっこいい！ジョニーはアンコールの最後の方になると、ギターをひきながら前にでて、すごく真剣な目で私ら、福岡のＲＡＭＯＮＥＳマニアをみまわしていた。「ジョニーもこれがラストツアーだなと思いながら、ギターひいてるのかな？」と思った。

ライブが終わると、"会員特典《バンバカバーン》第３弾！F.C.特別企画メンバーに会える!!"に当選したのでF.C.のYUKIさんの案内で楽屋へ。はっきりいって、も

う汗でろでろで髪はびしょぬれ状態。化粧もでろ～ん。でも、はずかしいなんていってられん！頭は酸欠でパニックだけど、もうラストチャンスだ！なんと私はまったくギターがひけない（超初心者！）くせに、あのモズライト"ジョニーラモーン"モデルを買ってしまったのであった！そしてそのモズライトを楽屋にもっていった。楽屋に入ると、ジョニーが目ざとく、私のモズライトを指差して、「～（英語なのでワカラナイ）モズライト」と言った。ジョニーに私のモズライトを渡すと、びろびろひきはじめた！わ～カンゲキ！私がジョーイやマーキーにサインをもらってるときもジョニーはそのモズライトもってて、となりのイスにすわってたＣＪに（ミカン(？)かなんか食べてニコニコしていた）「ＣＪ！ＣＪ！～（以下英語）」とモズライトのヴォリュームやトーンのつまみをさして、何かいってわらっていた。多分、ニュアンスとしては「ＣＪ！ＣＪ！みろよ、俺のモデルのギターだ！ほら、ここも同じだ！俺が自分のモズライトを勝手に改造したのをそのまんままねてあるっ！（笑）」って感じだったろうと思う。ＣＪ、それをニコニコしてきいていた。（ほんっと性格よさそうだなー）そして、ジョニーに「このギターにサインして下さい！」とたのむとほんの一秒考えて、「表にするのか？」みたいに指さしてきかれた。表にサインしてもらうと、ギターがひけなくなりそうなので、「裏にして下さい！」といったら、ジョニーはくるりとモズライトをひっくり返した。「サインしてくれ」といったわりには、ペンが手元になくて（他のF.C.の会員さんにかしてあげていた）私がジョニーに「ちょっとまって下さい。ペンもってくるから」というと、ジョニーはなぜかマイペンを持っていて（笑）（すごく用意いいなぁ）「いや、俺ペンもってる」ってな感じのことをいって、サラサラとサインしてくれた。〈中略〉ジョーイは手もおおきくて、しっかりと握手も力づよかった。なんかキュートな人だなと思った。マーキーは、ほんと「大人の人」という感じで私がぼーっとしてたら「サインしようか？」とボディランゲージしてくれた。〈中略〉ＲＡＭＯＮＥＳがなくなってしまっても曲はのこる。ありきたりな言い方だけど、私たち一人一人がＲＡＭＯＮＥＳを忘れなければいいと思う。私はジョニーがサインしてくれたモズライトをあの日から一日もかかさず、毎日ひいている（さわってる、という感じか？）。そして このギターもいつか、ジョニーのモズライトみたいにボロボロになるまで、ひいてやろう！と思っている。

〈No. 131　松本幸子〉

←コ→ キッタの正面げんかん
目の前はタワーレコードと
映画館。となりはボーリ
ング場とバッティングセンター
反対どなりはゲームセンター
とパチンコ。ここでライヴを
するミュージシャンはそのゲーム
センターによく行きます。
ラモーンズはあんまりここに
は行かない。バッティングセ
ンターの方へ行ったりしました。

福岡ドームのロッカー(選手)ルーム。2人とも
うれしそう。大谷さん仕事しなくていいんですか
ぐうぜんだが同じポーズ……

私の九州の友人が、ダイビングした時に財布がチェーンごとどこかにひっかかり、現金もカードも全て無くしてしまった日だったらしい。

＜No. 238　片岡百合＞

10/18 クラブ・チッタ

CLUB CITTA'/KAWASAKI

ＣＪの前。２列目くらいの所。スタンディング・ライヴ１日目のためか、テンション高すぎの私達（夫とYURIちゃん）。始まって、ＣＪが出て来ざまにお立ち台につまづきながら飛び出してくる勢い。私達は一気に切れた。途中から息苦しくなる。“Pinhead”の前の曲で 壁ぎわへ。視界が白黒になっていることに気付く。ホールの外へ。すぐ色が戻った。アンコールの曲をベンチでコーラを飲みながら聞いていた。最後の１曲前くらいからグッズ販売のお姉さん達がＴシャツをカウンターに並べ始めた。気晴らしに、この日初めて出たサイン入りパンフを買った。ジョーイが「アディオス・アミーゴス」と言っている。とてもエキサイティングだった。やっぱり、こんな楽しいものはない。
〈No.104 小池暁子〉

明らかに去年の来日時より客の数が多い！ 私はずっとジョニーの前の‘かたまり’の中にいましたが、すごく良かった。今までにもジョニーの前にいたことはあったが、今回はジョニーのピッキング、音がよく見れて最高！ よく「ラモーンズのギターは電ノコみたい」と言われるが、やはりその通りと実感。こればかりは目の前で見、目の前で聞かないと分からない！ しかし、あまりにすさまじい音で、翌日の午前中まで音がほとんど聞こえない状態だった。
〈No.210 鈴木堅〉

ラモーンズはサイコー。あえたらもうサイコーだよ。みんなサイコーだ。おっと、これから28日のチッタのためにヘッドバンギング 200回！ 毎日５セット──のうみそとけてます。
〈No.168 堀田明〉

〈10月18日〉真ん中の手すりから意地でも離れなかった。手すりの上からDIVEするやつらはそれより前に突っ込んでいくわけだから手すりにかじりついているのが一番良かった。LIVEを一番近くで観ることができた日だった（私にとってはね）。
〈NO. 77 山内景〉

いよいよチッタだ。やっぱりチッタじゃないと始まった気がしないね。しっかし、にっくきフォトセッションの為に、再びスタートは出遅れ。まるで運動会の「ヨーイ、ドン！」で思いっきり靴が脱げて出遅れた子の気分なのよ、これが。でライヴ撮影。人が降ってくるライヴの撮影は慣れたもんだが、大変です。特に（おっ今だ）と思った時に降ってきたヤローがぶつかってブレた時は（殺したろか）という気分。ライヴも客もよし。ＦＣ‥Ｔシャツも見た。グッズも見た。パンフの売れ行きが気になる今日この頃…。
〈ＹＵＫＩ〉

この日は「アディオス」を買った時に応募したディスクユニオンというレコード屋の‘ライヴ&バックステージ招待’に当たってしまったので、自分のチケットは友人に譲る。本当はＴシャツが欲しかったんだけどな。まあ、１公演分のチケット代がキャッシュ・バックだ、ラッキー！と考え最後の方に会場に入ったら中は人でいっぱい。一番前まで行けそうにはないし、背が低いからステージが全然見えないよー。しかし『ガンマン』が始まって真っ暗になった瞬間、会場後方のＰＡブースの横側に足を掛けられそうなスペースを発見！すかさずよじ登る。お～、ステージ全体が見えてサイコーな眺めだ！ １時間とちょっと、かなり無理な体勢ではあったが楽しかったから良し。体を支えていた腕はツルかと思った。そういえば初日から気になってたのだが、“Ramones”の演奏中にジョニーとマーキーが笑っているのは何故なんだ？ 後で聞いたところによると、ＣＪがオリジナルの歌詞を「マーキーはホモだし～」に替えて歌っていたらしい。だから笑ってたのか。しかしメンバーは「日本人が英語が分かるかどうか試してるんだ」と言っていたが、言われなきゃ分かんないっしょ。ライヴ後、当選者としてバックステージへ。モンテさんに「どうして君が当選者？」と言われる。ジョーイとはわざとらしく「初めまして！お目にかかれて光栄です」と言いながら握手する。‘ふおつふおつふおっ’という笑い声が、まるでバルタン星人だよ。
〈ＧＯＯＦＹ〉

10/18のセットリストはコレだ。

THE GOOD, THE BAD AND THE UGLY
DURANGO 95
TEENAGE LOBOTOMY
PSYCHO THERAPY
BLITZKRIEG BOP
DO YOU REMEMBER ROCK'N'ROLL RADIO?
I BELIEVE IN MIRACLES
GIMME GIMME SHOCK TREATMENT
ROCK'N'ROLL HIGH SCHOOL
I WANNA BE SEDATED
SPIDERMAN
THE KKK TOOK MY BABY AWAY
I DON'T WANT TO GROW UP
~~COMMANDO~~ I DON'T WANNA GO DOWN TO THE BASEMENT
SHEENA IS A PUNK ROCKER
ROCKAWAY BEACH
PET SEMATARY
STRENGTH TO ENDURE
CRETIN FAMILY
TAKE IT AS IT COMES
SOMEBODY PUT SOMETHING IN MY DRINK
7 AND 7 IS
WART HOG
CRETIN HOP
RAMONES
TODAY YOUR LOVE, TOMORROW THE WORLD
PINHEAD

THE CRUSHER
POISON HEART
WE'RE A HAPPY FAMILY

MY BACK PAGES
CHINESE ROCK
BEAT ON THE BRAT

これが
チッタの正面入口
でございます。見える？
↓中は右に広いトイレ。
左にコインロッカー。そして高い天じょう
の1200人ぐらい（？）キャパ。
ホールにな…

ここから10/20が始まりマ

早速、ＲＡＭＯＮＥＳの福岡のライブレポート
etc.を。当日はいいお天気で“早目に並ぼう！”と思い、４：００ごろ会場へ。すると、整理券
でてて（ガーン！）私は76番。でも、1,200 枚
後チケット売れてるみたいだから、早い方かな。と思いなおして、６：００までぶらぶら。

会場、そして自分が働いているボーダーライン
レコード周辺にはＲＡＭＯＮＥＳのＴシャツを
た人や、ライダース着てる人がチラホラ。（私
もち、F.C.Ｔシャツを着ていた。）６：３０開
で、中に入るとGOODS 売り場へ直行！サングラ
（安い！）パンフ（すごくGOOD！文もいっぱい
ってて、写真もカッコヨイ！本当、大事にしま
っ！）Ｔシャツ（販売で来ていたうちのレコー
店の社長も買っていた（笑）バッチ、キーホル
ー、ステッカーを買いこんだ。そこで、F.C.の
タッフのYUKIさん（ですよね？）と会う。すご
ハキハキ、テキパキした方で「働く女性」とい
感じの人だった。〈中略〉HEY!HO!LET'S GO!CA
状態になると、突然人が前に向かって流れだし
主催者側から注意が…。「あーあ、この“HEY!
！～でＲＡＭＯＮＥＳを呼ぶのも今日が最後な
だなー」と思うと淋しくなった。

そしてついにＲＡＭＯＮＥＳ登場!!私はすご
右（ＣＪ側）で、けっこう前なのでジョーイと

がしたいって、でも次はもうないんだけど」それが本当みたいじゃなくって。今年の春頃の解散のうわさは全然信じられなかった。新譜が出たら引っくり返ると思ってました。この十数年来、来日すれば行く、レコード出たら買う、雑誌に載ってれば写真がよければ買い。ウォークマンの中はたいていラモーンズで、ラモーンズは私の生活の一部だったのに、チッタから帰ったら歯が全部抜けちゃったみたいな変なかんじ。ロード・キルを観に行き、えっこれだけか？と思ったのもつい昨日のことみたいなのにね。本当は全公演行きたかったけど仕事があるし、仕事やめるかとまで思ったりしたものね。みんなそうでしょ。でもチッタから半月たって、やだやだと思っていた気持ちがジョーイは次は何やるんだろとか、それじゃインターネットでジョーイのページにアクセスよ、とかけっこう前向きに考えられるようにもなりました。この半年ばかりは、のんきなファンだった私はもーれつなファンになりました。私ラモーンズが好きでよかった。これからもずっとファンだよ。

〈No.200　新保宇美〉

10月16日。１：00ごろから裏口で座り込み、来るかどうかもわからないメンバーをひたすら待ってからしばらくして、Ｆ・Ｃの人発見。彼は「松本修次」と名乗っていた。おお！君が常連の松本君かなどと話し込み、待ち続けること２〜３時間。あやしげな車が入ってきた。すると何とメンバーが降りてきたではないか!!初めて見たRAMONES 。ＣＪを先頭にJohnny、Joey、Marky と続々と降りてくる。うおー、大物のにおいがプンプンするぜーっと叫びながら、たむろってた連中でかけよったけど、セキュリティーの人に「こっからはだめ」と言われ、みんなで叫んだ。みんなJoey、Johnny、ＣＪ〜なんて叫びまくってる。待て待て、俺はマーキーファンなんだぜとばかりに「マーキー!!」と叫ぶとマーキーはパッと表情を明るくし、俺に手を振ってくれた。男の俺に叫ばれて気持ち悪かったかもしれないが、喜んでくれて何かスゲー幸せだった。その後も裏口で待っていると、髪をバッサリと切ったＣＪが登場。最初、誰も気付かなくて「クルーの人かな」なんて思っていたら、松本君が「あれＣＪやんか」と主張。よく見てみるとよく見たタトゥーが……おお〜ＣＪだ〜っ!!とセキュリティーの人をのけてみんなで集まると、「ハアーイ」と明るくみんなにサインをし始めてくれた。用意していた花や絵を渡せて、集まっていた人達は本当に嬉しそうだった。俺はRAMONES Ｆ・ＣのオリジナルＴシャツの白文字のところにＣＪRamoneとサインをもらって超ハッピーだった。とっても陽気なＣＪは集まったファンと話をしてくれたけど、日本語で「キチガイ」などとみんなを笑わせていた。コンサートの前にそんな事があったもんだから、その日のコンサートはもう狂ったようにとびはねた。待ちに待った「BLITZKRIEG BOP」がかかると会場も爆発し、これぞRAMONESというようなハイテンションなペースでコンサートも盛り上がっていった。そんな中で聞き覚えのない曲が１曲あった。よく聞いてみると小さい頃聞いた記憶があるスパイダーマンのメロディーが……。Joeyの声がよく曲調にぴったりと合っていて RAMONESの持ち歌と化していた……。おそるべし RAMONES。その日は RAMONESを初めて見た日だったけど、とにかく文章にはできない程感動した。それは会場に来ていたんならみんな同じだったと思う。コンサートに来ていた佐野史郎さんもきっと感動していたに違いない。

＜NO．１９８　村上裕亮＞

初日のサンプラザは、ショウの始まりこそメンバーとファンの間にやや‘間’を感じたが、すぐにいつものLOCO LIVEへ。曲に関しても、新アルバムから程よく取り入れられ、まずまずといったところか。

＜No.210　鈴木堅＞

10月16日。東京には２、３回行ったことあるが一人で行ったのは初めてで、中野サンプラザに行くのも初めてだった。どこにあるのかも知らなかったがなんとか無事たどり着き、欲しかったＴシャツ全種類と生サイン付写真、バッチ、ＫＥＹホルダー、ポスターそしてパンフを買えて満足し、２階席、自分の席に腰を据えた。２階の一列目は関係者らしき人達が座っていました。始まる前までは２階席だからおとなしく観てようと思ってたが、暗くなると、キャーと叫んで皆と一緒にHEY! HO!LETS GO! と声を張り上げて叫んでいた。オープニングは何かと、どきどきしていました。初めて生で RAMONESを観たもんで。オープニングは「LOCO　LIVE」と同じだ！スゲー。生で RAMONESが聴けるなんて！嬉しい！すばらしい！感動しちゃった。めちゃくちゃカッコえぇ。来てよかった。今までズーっと始まりはこうだったのかなぁ（そうなんだよ！）と思いながら全然興奮して、おとなしく観ておりませんでした。途中で双眼鏡を持ってきてた事を思い出し、アップで観ないと、まず一番好きなJOHNNYから。おお凄いなァ、あんなふうにプレイするのか、かっちょぇー。そして MARKY、たくましいなぁ。次にJOEY、髪切ったね。そして最後にＣＪを見ようとＣＪの方を見たら、確かに掛け声、歌声はＣＪなのに、メンバー変わったのかな？あんな、くりくり坊主いなかったはずだよ。ぇえ?!何を言うのか！ＣＪ本人じゃないか！あんなにきれいな長い髪切っちゃって。何かあったのかなぁ、頭にタトゥーでもいれんのかなぁ。また、だんだんじっとしていられなくなり双眼鏡で観るのをやめて体を揺らしていました。しかし、きっちりと予習していなかった為、中半から覚えれなかった曲が出てきた。すみません…。そっ、あの有名な曲「TODAY YOUR LOVE, TOMORROW THE WORD」も覚えずに行ったもんで…（バカな奴っ！）。だから突然皆が「TODAY YOUR LOVE! TOMORROW THE WORLD!」と歌い出したのにはびっくりしたのと同時に、こんなに素晴らしい曲を知らなかったなんて！それから取り残されてしまった自分に気付き悲しかったが、コツを掴み２フレーズ目からは一緒に拳を上げて歌っていました。この曲が特に会場全体が一体化になって凄く興奮しました。「PINHEAD 」でGABBA GABBA HEY! が会場からも出て来て公演前にタペストリーのような物だけを持って、いかにも RAMONES一筋！という感じの人達がいたので、あれはこの曲だけに使う物だったのか、なるほどと感心してしまった。その人達はちょうどJOHNNYのまん前で、あとからJOHNNYからピックを手渡されて貰ってた。さすが常連さんだなぁ。ＣＪが歌っている最中はJOEYはどうしてるのかと思って見たら、マイクを持って魔法をかけられているように固まっていて、バック歌う時だけ魔法がとけて歌ってた。面白いやり方だなァと思った。ベースボールが出てくる“BEAT ON THE BRAT”をやってくれて嬉しいなァと思っていたら、JOEYが「Adios amigos！」と叫んだだけで、他のメンバーは手を軽く振るだけで引っ込んでしまった。もう一度出てくるのかなァと思ったが、会場に終りの音楽が流れ天井の電気もついてしまった。 RAMONESのLIVEは終わってしまった。あまりにも呆気なく帰ってしまったので、呆気にとられた感じでボーッとしてたが、何だかだんだんすっきりさわやかな気持ちになり、なんか凄く嬉しくなってきた。ＣＤ聴いているだけじゃやっぱり駄目ですね。やっぱりライブバンドは生で聴かないと。すごく何だか何ともいえない気持ちよさになり、来てよかった。それにあと４回も観れると思ったらさらに嬉しくなってきた。＜後略＞

＜NO．２２４　曽我龍子＞

あっと言う間に終了したラスト・ジャパン・ツアー。私が観た東京公演５回の中で印象に残った事をパパっと思い出せるだけ書いてみます。

16日。席は１階17列目。決して満足のいく席ではないがしかたがない。開演前のＳＥは初期パンクからハードコア、ディック・デイル、モーターヘッドの「Ramones 」までかかるサービスぶり。ジョニーはこの日、ミッキーマウスのＴシャツで登場。あちらのロックミュージシャンて何故こんなキャラクター物やアニメが好きなんでしょう。ガンズのスラッシュとかも着てるし。子供の心を持った…なんて言うとカッコ良すぎるか。驚きだったのはＣＪがボーズになっていた事。似合ってたが、急にどーしたんだ。スパイダーマンもいきなり聴けたし、ジョーイの声も良く出ていた。ライブの内容は…そう、いつも通りでしたね。唯一の指定席にもかかわらず、客のノリは良かった様に思います。帰りに出口にて佐野史郎を目撃。ＴＶと同じでした。某誌によると一色紗英もいたらしい（ファンなのか？）。どうせならこっちの方が見たかったぞ。

＜NO．４６　渡辺一夫＞

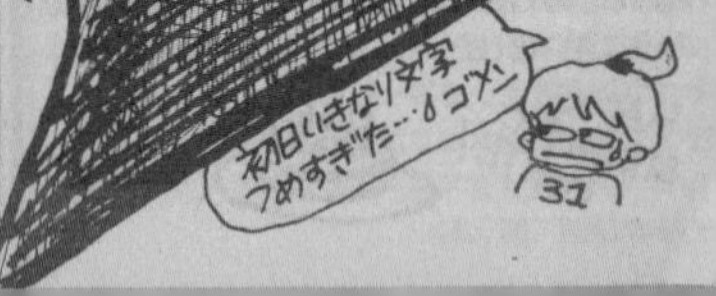

10/16 中野サンプラザ

NAKANO SUN PLAZA HALL/TOKYO

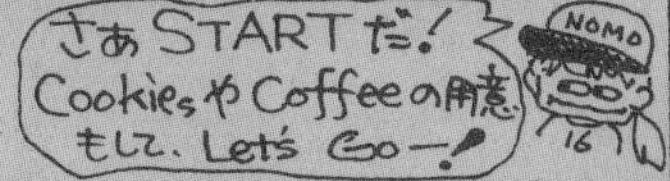

さあSTARTだ！
Cookiesや Coffeeの用意もして、Let's Go—！
NOMO
16

何はなくとも、このチケットだけあればラモーンズは見れる。私はなぜか、３人（夫と友人のYURIちゃん、そして自分）のチケット係で、出掛ける前はもちろん、道を歩いていても、電車に乗っても、会場についても、３枚のチケットを確認しまくった。会場に入ってラモーンズ・マークの幕を見ると、鳥肌。ジョニー側の５列目で（その前にもう何列かあるけど）よく見える。ＳＥ「続・夕陽のガンマン」で鳥肌。ジョニーはミッキー・マンソン（チャールズ・メンソンの目をしたミッキー？）のＴシャツ。ジョーイはモーターヘッド。ＣＪは髪切っててびっくり。“The KKK Took My Baby Away”がわりと ゆっくりな気がした。YURIちゃん、ジョニーのＧパン破けててお尻見えてるの発見。私は背が低いから、スタンディングだとあまりステージが見えない事が多いので、ホールでよく見れるのも楽しい。“Spiderman”も聞けた。ひゃあひゃあ騒いでるうちに終わってしまった。

＜No.104 小池暁子＞

昼過ぎ、近くの駅まで、名古屋から来る夫婦を迎えに行った。この日から、この夫婦と私の楽しい日々が始まるのです。私の家に戻って、みんなで仕度をする。その間ラモーンズの曲は聞かず、ラモーンズの話もほとんどせずに…。なぜならば、みんな緊張しすぎて吐いてしまいそうになっていたからです。会場は、まず自分達の席があまりにも横だったのにビックリ！　あと、ＣＪの頭を見てビックリ！　94年９月25日にイギリス、ブリクストン・アカデミーで見て以来、13ヵ月ぶりだったのに、この日はまだ‘ラモーンズを見た！’という実感は湧かず、帰りは全種類買ってしまったグッズを抱えながら、結構冷静でした。

＜No.238 片岡百合＞

10／16、中野サンプラザへ行って来ました！　まずＣＪのヘアースタイルにびっくり！　軍隊時代をホウフツさせる。若返った！　ジョーイ、ジョニーは調子悪そうに見えた。マーキー、ＣＪはバッチリ！　特にＣＪのピッキングは最高にカッコイイ！　ジョーイは、声がかなりつらそうだった。でも何度見てもラモーンズは最高!!　10／29、チッタにも行きます！　東京ラスト！

＜No.13 工藤信夫＞

ライヴ初日行ってきたよ〜。首がいたくて死ぬかも。頭もいたいよ〜。ラモーンズのまくらカバーのまくらで死ねたら本望だぜ！　だからくれよ〜。

＜No.168 堀田明＞

16日はチャイニーズ・ロックが一番きてたね。オレはね。

＜No.168 堀田明＞

今日、初日のライヴに行ってきました。見るのは初めてだったけど、とてもすばらしいライヴでした。今、ロコ・プレスをVol.１から読みなおしています。だいたい20ページぐらいだけど、とても内容の濃い会報だと思います。去年まではメンバーの名前さえ知らなかったのに、このＦＣのおかげでかなり身に付きました。これからもがんばって下さい。

＜No.25 佐伯和彦＞

10／16の中野サンプラザ、待ちに待ったやつがついに…。しかし遠い。30列目なんでメンバーが小さい！（まあいいけど）　1,2,3,4！　でいつものセット・リストをプレイしていく…。お気に入りの“I Wanna Be Sedated”（今回のは一番好きな歌い方バージョンではなかったが）、そして次の曲。「ぐ…知らぬ…この曲は…ワカラナイ」もしかしてこれが例の“Spiderman”って曲ですか？“Commando”の“Don't talk to commies〜 ”とのばしまくる新唱法。「くう〜、たまらん。カッコ良すぎる。やっぱジョーイは最高だ」　新曲のセット・リストはほぼ予想通りという感じでした。あっ、でも“Makin' Monsters〜”はやると思ってたんですけど。残念。そういえば、“Got Alot To Say”もやらなかったな〜。でも『アディオス・アミーゴス』って全曲のクオリティーが高くてどの曲がセット・リストに加えられてもおかしくないって感じですね。

＜No.112 森山昌彦＞

10／16の中野サンプラザ・ホールのライヴに行ってきました。群馬県から車で６人で行ったのですが、ホールに着いて、車を駐車場にとめ、車から降りた時、ちょうどマーキーとジョーイの乗った車が同じ駐車場に入ってきたのです。その時に、２人に握手をしてもらいました。とても感激でした。そのあと、ＣＪにも会うことができ、サインももらって、写真まで一緒に撮ってもらうことができました。とても、とても、とってもうれしかったです。ライヴはラスト・ツアーとは思えないほどの力強いものだったけど、これで最後かと思うと何だかさみしくて仕方がありませんでした。ラモーンズの引退のニュースを聞いたときは、びっくりはしたけれど、あまりかわりなかったのにライヴが終わったら急に悲しくて悲しくて、心がとても痛かったです。他の人にとってもそうだと思うけど、私にとってもラモーンズは思い出の多いバンドであり、大好きなバンドです。考えてみれば、いつかは解散や引退するのは当たり前なのに、永遠に“1,2,3,4!”と言い続けているような気がしていました。これからは、もう今までに出ている曲しか聴くことができないんですね。もうラモーンズの新しい曲を待つことはないんですね。だけど、それでも私は、ずっとずっとラモーンズのファンであるだろうし、「好きなバンドは？」ときかれたら、「ラモーンズ！」と答えるだろうと思います。スタッフの皆さん、これからもお体に気を付けて、元気で頑張って下さい。No.41 の平岡貴子さん、その他、阪神大震災などで大変な皆さん、どうか希望を捨てず、頑張って下さい。私は本当に何もできないんだけど、皆さんに良い事があるように、心から祈っています。

＜No.92 白石いずみ＞

スタッフのみなさま、お疲れ様でした。パンフはとてもよかったです。うなるものがある。

これが通称サンプラ
ただし 1F と 2F のみネ

私はチッタの終日から帰ってから体の調子が
く“ロッカンシンケイツー”を患い、しかも肺に
影があるとかで、検査やらなにやらで、ＣＴにま
でかかることになっていたところへピロウケース
届きました。すっかり上機嫌。うれしいったらあ
りゃしない。ありがとうございました。以下、
日公演について。

サンプラザの初日とチッタの終日に行きました
。サンプラザはいつも待ち合わせの改札からそれ
らしい子達がいっぱいで電車を降りたとたんわ
わくします。サンプラではみんなお行儀よく席に
いるのでステージ全体がよく見える。ＣＪの坊主
頭かわいい。ＣＪが入った頃って、ＣＪとジョニ
ーがそろって前へ出て来てましたよね。本当にぴ
ったりそろって前へ出て、後ろへさがってをや
ていたのに、今ではＣＪもお客をあおったりし
余裕なもんだと思ってるのは私だけじゃないで
ょう。ファンクラブのＴシャツの子は見かけま
んでした。

やっぱりラモーンズはスタンディングという
とでチッタへ。チッタではサンプラで見かけた
達も何組か見かけて、やっぱりファンクラブＴ
ャツは見られなかったな。去年は前の方に出ら
なかったので今年は何がなんでも一番前ってこ
で、ずっと前でがんばってたのに始まったとた
流されるわ飛ばされるわ。いっぱい誰かにぶつ
って、周りじゅうではねて、服も髪もぐちゃぐ
ゃだけど、やっぱり楽しくって、近くで見るジ
ーイはきれい。Love Killes と Do you Wanna
nce?に感激。帰りも頭の中にはジョーイの声が
るぐるで、明日も来たい、もう一回ぐちゃぐち

来日大特集号!
LOCO PRESS 6/7
PHOTO©YUKI.KUROYANAGI